国民から見た現代社会の側面

国民よ怒れ　とんでもないところに税金が使われていることに！

萩原　睦幸

はじめに

今年の夏も連日の酷暑に見舞われ、朝晩やっと秋の気配が感じられるようになってきた。パリオリンピックもメダル獲得数では史上最高を記録し、数々の名場面が放映され、人々の心は癒されているかに見える。

しかし長年続く経済低迷で、人々の気持ちはすさみ、給与は上がらず、かつ少子化による小学校から大学までの統廃合や、我が国における高齢者比率が３０％を超えるなど、今まで経験したことのない現象が起こりつつある。

また年初発生した能登半島大地震の復興がなかなか進まない状況の中で、同じ地域にまた大きな風水害被害が発生し、被災者の心中を思うと、言葉が見つからない。

国会では議員の政治資金不正問題が明らかになり、国民の反感を招いているが、小手先だけの改革案でお茶を濁そうとしている。

また経済的には極端な円安が続き、とても海外旅行に行ける状況ではなく、逆に海外からはコロナ禍の反動もあり、数多くの観光客が押し寄せている。

一方では、プーチン大統領のエゴで始まったウクライナ戦争もすでに2年半が経過したが、一向に収まりそうもない。

私は昨年までビジネスの世界にどっぷりつかり、仕事柄全国の企業を訪問し、さまざまな業種の推移を目の当たりにした。時には経営者から経営相談を持ち掛けられたり、逆に若手のＩＴ企業からは、将来像を熱く語られ、感激したこともあった。

私は仕事を通じて、企業の若手社員と意見交換する機会が少なくないが、いずれの社員も、そつがなく小さくまとまっていた。

それはそれでよいのだが、若者らしい破天荒な面もみたかった。

というのは、我々に代わってこれからの時代を先取りし、引っ張ってもらわねばならないからだ。

もうひとつ、その道のプロになってほしいのだ。

メーカー、建設業、サービス業、プログラマー、研究者、その他どんな世界でもよい。プロは傍から見ていても美しいものだし、各々の生きざまに感動をもらう。

さらに定期的に通った英国では、ＥＵ離脱の現状を目の当たりに見たり、考え方が日本と似ている英国人の人間性を発見したりと、思い出はつきない。

ところで本著の最終章で、スーパースターについて触れた。大谷翔平のことだ。今までこれほどまでに人々に愛された人はいただろうか？

日本だけではなく世界中の人にもだ。

彼の振舞いは人間愛にあふれている。最初のバッターボックスに入るときに、相手チームの監督に一礼する。デッドボールを受けた時、怒りよりもむしろ、投手を気遣うそぶりをする。また長年生活を共にした通訳のとんでもない不祥事に対して、その憤りを必死にこらえ、メジャーリーグでトップの実績を残してしまった。

きっと彼の生きざまは、日本はもちろん、世界中の人々に多くの教訓を与えているし、同じ日本人として誇りに思う。

本著は最近のさまざまな社会問題に焦点をあて、それらに対する率直な思いをまとめたものである。

第1章では現状の行政のずさんさについて、第2章では現代の医療の見過ごせない問題に対し、第3章では現代の経営や社会問題を、最終章では日々思うことをまとめてみた。

全体を通じて、国民の自然で素朴な気持ちを代弁しているものと自負している。

萩原睦幸

目次

第1章　行政の改革より解体を！

行政の体たらく

政治資金パーティ！

国民にコロナ禍での酒や団体行動の自粛を呼び掛けておきながら、例年行われている「政治資金パーティ」を通常通り開催する。酒も提供せず、参加者の距離も保つからいいではないかとの言い訳だが、そもそも能登の大災害や極端な円安の時に開催する必要がどこにあるのだろうか？

またこれら資金パーティでかき集めた裏金の証拠を、多くの政治家が政治資金収支報告書に正直に記載せず、形だけ記載してそれでよしとしている。自民党の幹部に証人喚問したが、お茶を濁されて終わりだ。私ども国民は、政治や行政で行われている真実を2001年に施行された「情報公開法」により知る権利があるのだが、都合の悪い箇所は黒塗りで隠されては、情報公開を満たしておらず、この法律にも違反していることになる。

原稿棒読み！

それにしても、岸田前総理の答弁はいつも下を向いた「原稿読み」では、国民に真意は伝わらない。これではだれがやっても同じではないだろうか？

その原稿読みも批判があったようで、最近は下を向かずに話すようになったが、目の動きからカメラの横に原稿があるのがわかる。一国のリーダーなら、国民が納得のゆく「心からの説明」が欲しいのだ。その意味では、諸外国の大統領や首相のように、時と場合により演技力も必要なのだ。

ボランティア活動

いつも災害が起きるたびに思うが、国会議員が国民の代表というなら、何かの災害時には全議員に「ボランティア活動」を義務付けたらどうか？　自身の選挙区だけではなく、すべての被災地に、すぐさま駆けつけ被災者に寄り添うことを法律で義務付けるのだ。甚大な災害が起こったにもかかわらず、都心の一等地にある快適な議員宿舎で、被災現場の様子をのうのうとテレビで見ているようでは、とても国民の代表とはいえないではないか。

政権交代と派閥の解消

先頃解散総選挙が実施され、自民党は「政権交代」寸前まで追い込まれた。ところが国民から見れば、各野党の考えがバラバラでとても政権を担うほどの力はないとみている。例えちょっとした野党トップの違いがあったとしても、目的は政権交代だという強い信念を持たないといけない。

でなければ、百戦錬磨の自民党に勝てるはずはない。

また形だけ派閥は解消されたものの、人間である以上仲間意識は残るはずだ。このやくざまがいの派閥とは、まさに自分の利益のための集団であり、国の将来をかじ取りする総理を決めるためのツールに利用されること自体、許されるものではない。国会議員の1票は国民の代弁者であり、いっさい派閥に左右されない投票とすべきではないのか。

いっそのことアメリカのように、首相は国民投票とすればよいではないか。もっとも現在の国会議員に信頼できる人はほとんどおらず、国民の代弁者には程遠い有様だが。

とりあえず派閥が解消されたものの、これを機会に若手の議員が台頭してくるかと思いきや、その気配はほとんど感じられない。

恐らくまだ派閥の力学に左右されているのだろう。

国会議員たるものは国民のために選ばれた代表であることを考えれば、先輩や派閥に遠慮する必要はまったくないのだが。

ちなみに麻生派や二階派会長などの記者の質問に対する答弁は、いつも上から目線で聞くに堪えないのがほとんどだ。特に麻生氏の発言は、物ごとをよく考えずに口から出まかせの内容が多く、国民からは完全に無視されている。

記者はある意味では国民の代弁者でもあり、このような対応の彼には、もう引退してもらいたい国民が大半だろう。

国民よ怒れ！

今回辞任した数人の閣僚は政治資金規正法に違反した犯罪者のはずだ。その彼らに対してまだなお継続して議員報酬が支払われている現実に、多くの国民があきれ返っている。理由として、報酬を中止する法的根拠はないとのことで、もしそうであれば法律を変え、今まで支払った報酬をさかのぼってすべて返還させるのだ。

コロナ禍や物価高で明日の生活もままならない人がたくさんいる中で、犯罪者や議員活動の実績がほとんどない人に対して、国民の税金が毎年数千万円も支払われている現実は、とても納得できるものではない。

政府の無策や、国民が収めた税金を私的に利用して平然としている国会議員に、はっきりと「ＮＯ」を突き付け、本来の「国民主権」の政治を取り戻そうではないか。

毎回の選挙でも、若者の投票数が伸びず、その理由として１票だけではとても政治は変えられないとの意見が多かったという。まさに今の若者の特徴である消極性、そこそこの幸せ感、また煩わしいことに関わりたくないなどが行動に現れた結果だと思う。

実はこの１票の重みがやがてマグマとなり、生きずらい世の中を変えることができるのだ。

ましてや現代のＳＮＳを利用すれば、世の中に自身の考えに同調してくれる人が少なからずいて、いくらでも世の中を変えることができるはずなのだが。

縦割り行政！

行政の決断や行動が遅いのは、現在の「縦割り行政」の弊害からきている。いわば各省同士の権限の張り合いからきているようだが、今に始まったことではない。時々の政権がこれらの弊害打破を口にするものの、一向に実現されないのは、自らの「既得権益」を失うことにつながるからにほかならない。

いっそのこと省制度はなくし、すべて首相直下の組織とし、急を要するものは、速やかに実施できる体制を作るべきだと思う。一方こうなると首相の権限や判断力が望まれるところだが、長年ぬるま湯に浸かってきた今までのやり方では、その任にふさわしい人など皆無ではないかと思われる。

議員報酬と所得格差！

日本の国会議員の年間報酬は、シンガポール、ナイジェリアに次ぎ世界3位だ。（２０１９年３月）米国は日本の６割、イギリスに至っては何と3割程度だ。日本は一人当たり、議員報酬だけで２３００万、その他秘書経費などを含めると７０００万ほどになり、さらに他の特典を加えると１億円を超えている。

これらすべての報酬が、我々の税金から支払われているわけだから、たまったものではない。

また首相や政権交代時に、決まって「国会議員削減」のスローガンが出されるが、今まで一度も実現されたことはない。私が仕事上関係している英国では、国会議員は「ボランティア精神」でやっているとのことだから、日本の歳費がいかに高額でばかげているかがわかるというものだ。

一方で日本は今、国民の間で「所得格差」が顕著になりつつある。一昔前は「国民総中流」といわれ、ほとんどの人々が同じような生活ができていたが、今はお金持ちはさらに所得が増え、貧乏人はますます収入がなくなり、明日の生活もままならない人が増えているのが実態だ。

先日あるNPO法人が都内の公園で、恵まれない人たちに無料の差し入れ弁当を提供していたが、今後政府の無策がこのまま続くとすれば、益々所得の格差が大きくなり、将来を悲観した自殺者が増えるのは間違いないものと思われる。これがもしほかの国だったら、とっくに暴動に発展しているだろう。

政治にはお金がかかる？

政治と金については昔からいわれていながら、一向に解決されないのはどういうことなのだろうか？

一昔前に田中角栄や金丸信氏がこの件で逮捕されたが、今日でもあれほどではないにしても問題視されてはいるが、国民の納得できる結論に至っていない。特に選挙時には、ポスター代、選挙事務所費用、運動要員代などかなりの費用がかかるとのことだが、これらすべてを自費で賄うことができるはずだ。

というのは議員として、国民の数倍の高額な歳費が出ているし、そのほかに文書通信交通費として、毎月100万、その他公設秘書3人の人件費も得ているではないか。

一方資金集めのためのパーティも問題になっているが、集めた資金の裏金やその使い道も今なお不透明なままで、まったく国民から理解が得られていない。

国会議員の資質

私は仕事柄英国人と情報交換する機会が多いが、英国の国会議員はボランティア活動に熱心な人が多く、日本の議員のように、すぐ金を要求するような人はいない。

日本でいう国会議員の歳費も日本の1／3程度の800万ぐらいだ。しかもこれ以外の特典はほとんどなく、我が国とは大違いで自費で賄うボランティアに近い行動をしている。

ということから、日本でも歳費を大幅に削減し、使途不明の文書通信交通費もなくし本当に国民のために汗を流す人を選ぶべきではないか。

また政党助成金というのがあり、各政党の国会議員の数に応じ支払われているが、これはもとを正せば、不透明な企業献金を防止するために設けられた制度だ。

これがありながら、どうしてパーティなどを開催する必要があるのか、まったく理解できないが、この助成金も必要ないと思う。

そもそも議員への献金のありなしでさまざまな政策をやること自体、政治の公平性の観点から、まったく話にならないからだ。

さまざまな特典

その他、まださまざまな特典がある。

国会議員がどこかへ移動する時、飛行機はビジネスクラス以上、電車はグリーン車などの特典が与えられていて、これらの交通費はタダだ。

中には私的に利用している人もいて断じて許せない。

口では国民目線といいながら、あまりにも違い過ぎるではないか。

また国会への登頂にしても、黒塗りの高級車で乗り付ける議員が大半だ。

議員宿舎は国会の目と鼻の先にあり、徒歩でも十分なはずなのに、かっこつけのために利用しているのだ。

議員宿舎も問題だ。もともと議員宿舎は地方の政治家の仮住まいが目的で設けられたものだが、自宅がありながらこれを利用するのはおかしな話ではないか。賃貸料は自己負担とのことだが、都心の一等地にありながら１２万／月程度の格安で、庶民では同じ広さに住もうとすると、最低７０～８０万／月ほど支払わなければならない。

永田町という魔物

さて永田町の中には、国民が知らないさまざまな魔物（既得権益）が住んでいる。初めて国会議員になり、登頂を初めてみたら、徐々にわかってくるに違いない。おそらく若手の議員の中には、「これはおかしい」ということに気づくはずだ。

ところが数年も経たないうちに、これら既得権益があまりにもおいしくて、あえて改革など言い出さずに、それに便乗してしまおうという議員が大半ではないのか。

恐らくこれら特典は、明治以来脈々と受け継がれてきたことで、今さら改革をしようものなら、膨大な時間とコストがかかり、とても一筋縄でできるものではないからだ。だいいちこれら魔物の内容が国民の前に明らかになったら、まさに怒りを買い収拾がつかなくなってしまうので、丸く収めるには矛先をひっこめるしかないというわけだ。

選挙活動と2世議員廃止

現状の選挙活動は、選挙カーで候補者の名前を連呼するだけとか、ビラ一枚配布して終わりとするような、手を抜いた選挙活動が横行している。

それよりも有権者は、候補者の政策論争を比較したり、また候補者の全体の印象を判断して投票したいので、それに見合った選挙活動を期待しているのだ。

一昔前は政策論争を聞きにわざわざ会場に出向いたものだが、今はテレビやネットで政策を配信したりして、いくらでも時代に即した選挙活動はできるので、候補者の連呼だけで走り回る迷惑な選挙活動はやめてほしいのが本音なのだ。また現状の国会議員の２／３以上が、２世議員以上というから驚きだ。

親の選挙地盤を引き継ぎ安々と国会議員になれてしまうこと自体、まったく公平ではない。

もう「2世以上の議員廃止」とし、一般の国民が広く国会議員になれるチャンスを与えるようにすべきだと思う。

国民と同じ普通の生活を体験し、少しでも国民に寄り添うことができるのが普通の人で、小さいころから苦労知らずの２世、３世議員ではとても無理だろう。

一方世の中には、歳費などあてにせず、国民のために尽くしたいという人はたくさんいるに違いない。

であればそういう人こそ優先して国会議員になれる法律を作り、歳費は雀の涙程度で、その他の特典は一切なしとし、無駄な経費をすべて国民に還元するようにするのだ。

こうすることにより、今よりもはるかに住みやすい世の中になるはずだ。

知られざる官房機密費

官房機密費とは、「国の事務又は事業を円滑かつ効果的に遂行するため、当面の任務と状況に応じ、その都度の判断で最も適当と認められる方法により機動的に使用する経費」とされている。

この機密費は、国会のチェックを受けることがなく、領収書不要でかつ使途不明でよいとされている。

なんとこの費用の原資は国民の税金で、前述のように定義もあいまいで、実は裏でとんでもないことに使われてきたことが判明している。

例えば先の東京オリンピック招致の際、安倍首相の指示で国際オリンピックの全委員に、20万／冊のアルバム制作の原資に使われたと報じられたり、大臣の外遊前に餞別として数百万円を渡すことが慣例となっているとか、開いた口がふさがらない。

さらに最近では、官房長官の秘書官から運転手やSPに対して、特別手当としてこの機密費が使われていたことが明らかになっている。

明日の生活もままならない生活困窮者や、能登半島地震で今なお苦しんでいる多くの国民がいる中で、このような多額な国民の税金を、まったく必要ないことに秘密裏に使っているとは、国民として許せないのは当然だろう。

前述の機密費の定義をあらためて確認すると、表現があいまいでどうにでも解釈できてしまうのは、官僚の常とう手段であり、何か問題が生じても言い逃れできるようになっているのだ。

実はこの機密費には、毎年の予算編成の折に表立って要求する内容ではなかったり、またうっかり見落としたり、あるいは急に必要になったりしたときなどの、補完的な費用のことも含まれているらしい。

そもそも国民からは、一円たりとももれなく税金を徴収しておきながら、それら貴重な税金が、とんでもないところに使われているのだ。

慣例に従う

国会の答弁や何かの問題が発生した時の説明に、大臣や行政トップあたりから「慣例に従った」という言葉が多用される。

ではここでの慣例とはいったい何なのか？

それは単なる過去の事例にすぎず、それが正しい保証はどこにもない。時代が変われば考え方も変わる。

国民から見ていると、自分たちに都合のよい決まりは慣例に従うとしてそのまま適用し、何らかの不都合が生じる懸念があるときは、そのまま手つかずで放置する。

税金の使途不明は許さない

今政治資金規正法での資金やその使い道が不透明で大問題になっている。

こればかりではない。

議員個人に支払われる文書通信交通費も、領収書も不要でその使い道も問われない。

その他公設秘書への給与が勤務実態のない人に支払われたり、あるいは秘書に支払うべきところを議員自らくすねたりと、やりたい放題なのだ。

これらすべては国民の税金から捻出され、かつやりたい放題の不祥事に関して、国民の怒りは頂点に達しているのである。

すべて会計処理をせよ

いまこそ国税のすべてをどのようなものに使ったのかを明らかにせよといいたい。金額に関わらずだ。

項目を細かく分類し、正直に使った金額を当該項目欄に記載するだけで済んでしまうではないか。国民の税金を使うからには、最低限の作業だけでも実施すべきなのだ。

また、使い道をきっとごまかす国会議員がいることを想定し、定期的に会計監査を実施することだ。

この監査は、議員や行政庁とまったく無縁な国民の代表の一般人にさせる。

その結果何らかの不正が発見された場合には、詐欺罪の懲役刑と不正に使った金額の３〜５倍の罰金を課したらいい。

現状の国会議員の使途不明金に関しては、あまりにも野放しで何ら有効な解決策がとられていない。

国会議員は高額な歳費を毎年もらっておきながら、その他使途不明な文書通信交通費や、３人もの公設秘書などが必要なのか、まったく理解できない。

さらに前述した飛行機代、新幹線代、国会までの送迎に使う高級車など、今までの慣例などすべて取り止め、自身の高額な歳費内ですべて賄う法律を早急に成立させることだ。

国会議員の本来の役割は、国民奉仕が大原則なので、これら無駄な経費の散財は、法令違反として厳しく処罰されて当然ではないか。

官庁のだらしなさ

国会議員の体たらくに加え、中央官庁のだらしなさも目につく。

最近の中央官庁への就職希望者もかなり減少し、東大や京大の優秀な人材も中央官庁よりも、国内及び海外の将来伸びそうな企業を志向する人が増えている。どうしてそうなってしまったのか、いくつかの根拠があるようだ。

年功序列と改革心

いまだに官庁は年功序列が当たり前で、いくら優秀な人材であっても、入省年度で判定されるので、よほどのことがない限り、先輩を飛び越えて上位に行くことはまずはあり得ない。

これは民間企業と大違いだろう。

大企業も似たような傾向があるが、今は実力主義になっていて、有能な人材は若くても抜擢されるようになっている。また、官庁は同調性重視の傾向があり、他人と違う考えを述べたりすると敬遠され、決してプラスにはならない。

つまり上司の命令に素直に従い、余計なことを考えず、黙々と与えられた任務をこなす人が優秀だとみなされ、順調に昇進できるというわけだ。

さて、難しい試験にパスし中央官庁に入った新人は、国会議員同様、若いなりに何らかの問題点に気づく人が少なくないと思われる。

彼らは何らかの改善点を進言はするものの、上司はそれらを一旦は受け止めるものの、その後さまざまな理由をつけて、結局却下してしまうのが実態のようだ。

ある新人職員は、あまりにも会議が多いので、関係者にメールを送るだけで済まされないかを提案したところ、直接顔を合わせ話し合うことに意義があるとのことで却下された。

別の職員は、残業した時に正直にその時間を申告したところ、半分は認められないから削除するよう上司から指示されたという。

いずれの判断も、今までの慣例でそうしてきたから、それに従うようにとのことだった。

イエスマン

今までと違う新しい考えを持つ人や、日常の仕事を素直に受け入れない人などは、出世レースから脱落してしまう。上司の命令や今までのやり方を、そのまま受け入れ、淡々と与えられた任務をこなす人ほど順調に出世して行ける。

つまり「イエスマン」に徹することができるかできないかが、この先の分かれ目となるようだ。

この例のように、いかに中央官庁が世の中の流れに遅れているかがわかるというものだ。ということから、改革心が旺盛の人や、何か大きなテーマに取り組みたいような人にとっては、まったく不向きな職場であり、中途退職するか、初めから入庁しないと決めているかのどちらかだろう。

中央官庁は天職

一方中央官庁に居心地の良さを感じる人もいる。特に上級国家試験をパスしてきた職員は、日本の官庁のトップなので、どこへ出かけても最高のもてなしを受け、尊敬されるからだ。

特に地方へ出かけた時には、当該県の幹部職員から最高のもてなしを受けることが慣例化されていて、まさに居心地の良さを実感できるという。

また定年退職後の再就職も楽しみの一つだろう。いろいろな批判が多く、今ではあまりオープンにされていないが、現役時に関係の深かった各種企業や団体に「天下り」ができるからだ。

一般の人が、定年後再就職を探すのに大変苦労していることを思えば、今まで自分が生きてきた道は、正しかったと、ここで実感できるに違いない。

日本が衰退する理由

日本の中枢で将来を担うはずの中央官庁がこのような有様なので、日本の将来が心配になってしまう。

世界は激変し、世の中の価値観や環境が目まぐるしく変わる現代にあって、旧態依然の悪しき慣行を継続している国の将来はない。

経済大国を示すＧＤＰも、今や年々下降の一途をたどり、そのうち先進国から脱落するところまで来てしまった。これから先を考えたら、もう何十年も引き継がれてきた悪しき慣行などはすべて反故にし、時代に合ったやり方に、今こそ大改革を実行すべき時ではないか。

マイナ保険証

今話題に上がっているこの保健証は、マイナンバーカードと国民保険証を一体化するもので、医療ＤＸの一環として実施されるものだ。

医療ＤＸとは、医療・保健業務に関わるデータ保存の外部化を図り、良質な医療を国民に届けるという趣旨で始まったものだが、さまざまな問題をはらんでいる。

マイナンバーカードとは、国民個人に割り振られる個人を識別できる番号のことで、この番号と個人情報を紐づけることで、国民一人一人の個人情報がすべて明らかにされてしまうのだ。例えば健康保険証であれば、本人の氏名、住所、性別、生年月日などや、家族構成や病歴などもわかってしまうが、今後はマイナンバーカードにこれらの機密情報が組み込まれるので、近いうちに保険証は廃止になる方向だ。

個人にとっては最高の機密情報だが、これらが業務の効率化や一元化のためにだけ行われるとしたら、あまりにも国民の意向を無視しているのではないか。

個人情報とセキュリティ

最近の犯罪のほとんどが、個人情報の漏洩が基とされている。

振り込め詐欺から始まり、嫌がらせ、恐喝、盗難、強盗など、すべて個人情報が外部に漏れ、それらが犯罪の基になっているからだ。

となれば、今行政が急いでいる国民個人に割り振られたマイナンバーと、保険証や運転免許証などの各種個人情報の紐づけは行政側の考え方であり、国民からしたら危険極まりなく、多くの国民が納得できていないのは当然だろう。

すでにマイナンバーカードの漏洩が起こっており、益々国民からこの制度に関し不信感を買っている。

このカードさえあれば個人を証明でき、各種面倒な手続きは不要となるというメリットばかり強調されているが、個人情報のセキュリティがどのようになっているかの方が極めて重要であり、その説明が不十分なこともあって、マイナ保険証の普及が進まないのである。

一方セキュリティ事故が発生した場合の責任の所在も、現状は不明確だ。

個人の不注意による漏洩はもちろん個人の責任に違いないが、それに伴う損害を最小限に抑える仕組みや、そもそも国が開発した基本となるシステム上のセキュリティは、あらゆることの発出を想定して、万全のセキュリティ対策を立てるに尽きるだろう。

ランサムウェア対策

今世界中で猛威を振るっているのが。ランサムウエア犯罪であろう。

これはコンピュータシステムのデータを暗号化し、被害者が一切システムを利用できないようにしておき、その復活に多額のお金を要求する犯罪のことだ。すでに我が国でも行政、鉄道会社、大規模病院などが被害に会い、長期間システムが機能せず、人手に頼らざるを得ない犯罪が起こされている。

脆弱なシステムを狙って侵入されるケースが多いが、最新で強力なセキュリティソフトの導入、定期的なデータのバックアップ、それにフィッシング攻撃に対する意識や、最近のセキュリティ事故例などによる社員教育が欠かせないはずだ。

行政の犯罪防止対策

マイナンバーカードにより個人情報が漏洩してしまった場合も、犯人から当該個人に金品要求などが来ることも考えられる。

このような場合は、行政が窓口となり、犯人を特定し処罰する体制を構築しておく必要があるだろう。

現状は任意と言いながら、国民にマイナ保険証の加入を強制するだけで、責任はいっさいとらない国の姿勢は、国民の納得が得られるはずはない。

犯罪の大元となる個人情報の万全なセキュリティ対策と、不幸にも犯罪に巻き込まれてしまった国民の救済策は、マイナ保険証加入とセットで進めるべきだろう。

能登地震復興の遅れ

今年正月に能登地方を震源とする大地震が発生した。

もともとこの地方は複数の活断層が入り組み、大地震が起こってもおかしくないといわれてきた。といわれつつも、日本には同様な箇所がたくさんあり、まさかこの地に大地震が発生するなんて、というのが本音ではなかったか。

日本人の気質として、何らかの問題が発生した後は、真剣に取り組むが、あらかじめ何らかの災害や事故を予想して、事前にその対策や備えを準備することが不足しているように思う。

例えば災害時の食料にしても、個人の半数以上がまったく備蓄していないというデータもあり、災害時の危機意識が極めて希薄なのだ。

地域別では、首都圏は７０％を超えるほど高いが、地方は４０％にも届かず、その格差が大きい。

建物と道路の脆弱性

能登地方は古い家が多く、ほとんど耐震建築がなされていなかったことから、家屋倒壊の被害が圧倒的で、あらためて耐震建築の重要性が浮き彫りとなってしまった。

また主要道路の国道２４９号や県道３８号も壊滅的な被害を受け、その復旧がままならないため、被災地は長期間放置されたままだった。

さらに田舎は、主要道路のほかに迂回路が少なく、主要道路が寸断されると、あっという間に集落が孤立してしまう。

日本では、どこの地方集落も同じようなものなので、道路が寸断されても支援物資を確実に届けられる仕組みが必要なのだ。

例えば緊急事態に備え、すべての地方自治体がドローンや小型ヘリなどを保有しておき、いつでも稼働できるようにしておくぐらいは最優先事項ではないか。

ボランティアへの対応

今回の能登地震でも、被災者を助けたいというボランティアが全国にいて、石川県や当該市町村の許可を待っていた。ところがその許可がなかなか降りずに、崩壊した被災家屋に閉じ込められ、そのまま命を落とした人が少なからずいた。その理由のひとつが、ボランティアの人のための宿泊施設が確保できないというものだった。

確かにその気遣いはありがたいが、その前に被災に遭遇した人の命や生活を保護する方が先なのに、県知事の判断は大きなミスで、まずはボランティアの人たちを最優先に受け入れるべきだったのだ。

ボランティアの人々の寝泊まりは、車やテントでも構わない人がほとんどだと思われるので、大災害時の遠慮などしている場合ではなかったのである。

特に震災を受けた能登地方は、高齢者がほとんどで、崩壊した自宅の片付けもままならないため、復旧の大きな遅れにつながった。

だからこそ今回は、若者を中心とするボランティアの力が必要だったのだが、それもかなわず大幅な遅れにつながっている。

また今回問題となったのが、飲み水の確保だった。

大きな地震により、ほとんどの水道管が破壊され、飲み水が供給されなくなってしまった。水は人間が生きて行くうえでなくてはならないもので、生死に直結してしまう。

そこで今注目されているのが「簡易水道」だ。簡易水道とは、数十世帯程度の水道を賄う施設で、近くに湧水や井戸があれば、簡易な水道供給システムで水の供給が可能となるものだ。

導入コストは安く、簡易な浄水設備、ポンプ、貯水タンクさえあればできてしまう。排水管も小規模で、老朽化に伴うメンテナンスもしやすいこともあり、過疎地や少人数の集落には一番適した水道供給システムといえる。

スマートシティ

高齢社会を迎え、今後注目されているのが「スマートシティ」という考え方だ。これは交通、医療、サービス、教育などをＩＣＴなどを活用し、住民の生活の維持・向上を図るというものだが、高齢者は免許証を返納している人も少なくなく、その対応として自転車貸し出しシステムがある。これは自転車に取りつけられたセンサーにより、安否確認や空き状況がわかるというものだ。

またスマートゴミ箱として、ゴミ箱のセンサーが満杯と認識すれば、自動的に回収され、収集の効率化が図れるものもある。さらに個人の健康管理データが収集管理され、日常の健康状態がチェックされることにより、医療サービスの向上が期待できるものもある。

一方２０１５年に厚労省から「オンライン診療のガイドライン」が示されたことから、オンライン診療のツールが開発され実用化が進展している。

病院に行き受診まで長時間待たされる負担や、他の患者からの感染リスクなどが避けられ、今後かなり普及することが予想される。

ただしいくつかの考慮すべきこともある。

触診ができずあくまでも画面上での面談なので、健康データのみでの判断に偏る傾向があり、正確な診断との差異が生じる可能性がある。また患者や高齢者側がパソコンなどに不慣れな場合や、受信環境がよくないとオンライン診療は不可能となるなど、まだ課題は少なくない。

南海トラフへの備え

本年8月8日に宮崎県沖の日向灘で震度6強の地震が発生した。場所が場所だけに「南海トラフ」ではないかと危惧されたが、その後直接関係がないとのことで落ち着きを取り戻した。

南海トラフ地震とは、駿河灘から日向灘にかけて、海底深くに横たわるフィリピン海プレートとユーラシアプレートが接して沈み込み、その接点でのひずみが限界に達し跳ね上がることで、巨大な地震を誘発することが知られている。震度7が想定され、東日本大震災と同様に、30メートルを超える巨大津波が押し寄せる可能性大である。

発生確率も過去の実績から今後30年以内に70~80%というから、すでに待ったなしの状況だと思われる。

危機意識が希薄

日本人の国民性として、何か大きな災害が起こった後の対応は皆が協力して対応するが、起こる前に準備することに関してはあまり熱心ではないように思う。近年の大きな災害である、東日本大震災、熊本地震、そして今年正月の能登半島地震にしても、災害が起こる前の準備はどの程度できていたのだろうか?

一般的に災害の起こる前に何らかの対策をしておくことで、何ら対策をしていないよりも、被害を１／５程度に抑えられることが知られている。

個人の準備

一頃よりも災害時の集団避難場所の周知徹底や、定期的な訓練などは行われてきてはいるが、個人の備えについては、野放し状態というところが正直だろう。

個人の備えは、自分はもちろん家族の安全を守るために極めて重要だ。

非常用持ち出し袋などを用意し、飲料水（一人1日3リットル）,保存食、懐中電灯、電池、ラジオ、救急セット、その他保険証などの重要書類などを入れておく。

また家族といつでも連絡できるよう、携帯ＮＯなどをスマホに入力しておき、さらに本棚やタンスなどの重量物が転倒しないよう、壁や天井に固定しておく。また大きなガラス窓や食器棚などのガラスが割れないよう、防止フィルムで目張りをしておく。長時間の停電に備え、ロウソク、スマホの充電や充電器、水道管破裂に伴い、必要な生活用水確保のためになに風呂の水をためておくなど。

揺れが収まるまでは、テーブルの下や頑丈な家具のそばに避難する。

そして揺れが収まったら、ガスの元栓を閉め火の元を確認し、その後の大きな揺れに備え、指定避難場所へ家族とともに移動する。

それに大きな災害に備え、事前に居住地の防災マップなどを入手しておき、数か所の安全な場所を確認しておく。

長年住み慣れた場所を離れるのはつらいことだが、いざというときは、地震や風水害の被害を受けやすい場所から安全な地域へ移動することも選択肢としてあってもよい。

避難訓練の重要性

日本人は何事も予防的な行動は苦手な人が多いので、避難訓練を実施しても形式的な対応でお茶を濁している人が大半だ。避難訓練とは、まさに当該災害が発生したときと同じ行動をとり、もし不都合なやり方があれば、それらを見直し最適なやり方に変える意味があるのだ。

特に大きな津波については、予想していないことも十分起きることも考えられ、ひとつの避難経路では間に合わない場合もあろう。

今までの実績から、数百年に一度起こる大地震について、地震大国の日本は避けて通れないだろう。

残念ながら現代の科学の力では、地震発生の元となる海底のプレートのずれやひずみを解消することは不可能だ。

であれば、その大地震に備え、それに伴う被害を最小限に食い止めるしか手はない。

一方地震大国であるからこそ、日本の建築物の耐震建築は世界をリードしているし、高層建築物の免振メカニズムも大幅に改善がなされている。

また公共のインフラも耐震設計が取り入れられ、昔のインフラよりも格段に進歩している。

後は被害を最小限に抑える都市計画が必要で、地震の影響を受けやすい地域には、重要な建築物や施設などは配置せず、緑地や公園などの緩衝地帯とし、被害を最小限に抑えることが必要だろう。

居住地の安全性は？

知り合いの不動産業者からの情報では、最近の顧客は川沿いや、斜面が急な場所を嫌ったりする傾向が顕著だという。直近の災害事例でも、川の氾濫で浸水したり、土砂崩れで家が押しつぶされたりする被害が多発していることを思えば、当然な成り行きだろう。

あきれた県知事

今兵庫県が大揺れである。県知事の暴走の問題だ。

事の発端は職員の公益通報だった。職員といっても局長クラスで県の幹部の位置づけだ。

通報の内容は、県知事の日ごろの言動についての実態と批判だった。

かなりひどいようで、証拠としてメモはもちろん、録音もされていた。

表沙汰になったのは、本人が提出した「公益通報」の取り扱いだった。

公益通報者保護法

２００４年に成立したこの法律は、公益のために違法行為を通報する者が報復や不利益を受けないためにあり、社会全体の利益を守ると定められている。

対象は職員だけではなく、パートや契約社員まで含まれている。

通報先は、勤務先、監督官庁、報道機関などとされ、もしこの通報に対して解雇や報復があったとすれば、それに対して、労働者が裁判を通じて救済を求めることができるとされている。

県の対応

まずは通報を受けた県の対応だ。法律に乗っ取り県の窓口に提出された内容をチェックしたところ、通報の対象がトップの県知事となっており、すぐさまそれを伝え聞いた知事は激怒し、内容は嘘八百のでたらめで、すぐさま提出した本人を割り出すよう副知事や主要局長クラスに指示を出したのだ。

およそのメボシがついている数人の職員に対して、「犯人捜し」が行われ、通報者が特定された。

その後当該職員に対し、副知事が直接問いただす様子が録音されていた。

まるで恐喝まがいの相手を威嚇するようなやり取りが録音されていた。最終的には自身が通報者だと認めさせられたわけだが、そのことが最終的に知事に伝えられた。伝え聞いた知事は激怒し、通報者（県民局長）を呼びつけ、目の前で、停職3か月の懲戒処分を言い渡したのである。

その後通報者は悩みに悩み、百条委員会の開催と、自身の公益通報メモを残し、自殺した。

公益通報情報の取り扱い

今回明らかになったのは、披通報者（県知事）自らこの件に対し、その真意を確かめもせず、直接通報者本人を特定し、その本人に対して、謝罪どころか直接辞任を迫る暴挙は完全にこの法律から逸脱している。

つまり今回は、県知事本人が、正規の公益通報にも関わらず、自らその通報者の特定に乗り出したわけだ。

ということから、知事はこの法律の意図がまったくわかっていないことになる。県知事本人はこの公益情報は嘘八百で、他人から聞いたものをまとめただけのもの、と述べているが、その後の調べで内容は真実に近く、嘘八百ではなかったことが判明している。

そもそも公益通報の県の窓口や幹部が、その内容の真意が公益通報に該当するか確かめもせず、いきなり通報者の特定に走ること自体、やってはならないことだ。

またこの通報者特定の指示も、県知事から出ていたというから話にならない。通報の内容は披通報者自ら閲覧できるわけがなく、その前に第三者がこの通報が公益通報なのかどうかを判断するものだ。

百条委員会

その後百条委員会にて、さまざまな質問に県知事が応えることになるが、県知事は内容を精査したところ、これは公益通報にあたらないと何度も述べている。弁護士もその判断に納得しているとのことだが、知事の子飼いの弁護士で、判断は当てにならない。

また道義的責任を問われた時、彼の口から出てきた言葉は、自身を県知事に押し上げてくれた政党に対しての謝罪のみで、自殺した通報者に対しての道義的責任はないと言い張るあたりは、「人殺しをして自分は悪くない」というのと同じだ。

さらにその後のぶら下がり取材などで、自身の思いを問われると「県政を前に進めるのが自分のやるべきこと」の一点張りで、とにかく反省の気持ちはみじんも感じられない。

県議全員による辞職勧告決議がなされ、多くの県民が猛反発をしている大混乱のなかで、彼が言い張る県政を進めることなどできるわけがない。

インタビューで一部励ましの声が届いているということだが、それは身内に近い人だけで、一般市民は、死者まで出た県政の不祥事に、大いに怒っているのだ。

暴走を生んだ背景

兵庫県の代々の県知事は、総務省出身のエリートで固められているという。これでは総務省の天下り先といわれても仕方がないだろう。

ひょっとしたら、我が国では兵庫県以外にもあるかもしれない。

S知事は、進学校から東大を出て上級公務員試験にパスし、総務省に入った。典型的なエリート官僚が歩む道だ。

彼も県知事になる前に、いくつかの県の総務課長として出向していた。当然当該県の知事とも日常コンタクトがあったはずで、そのあたりから県知事の権限の大きさや、やりがいを実感したのかも知れない。

知事の権限

県知事といえば、一国一城の主で、昔の大名の位置づけである。

一方県の上位である国の管轄は総務省であり、彼もそこの出身となれば、益々増長してもおかしくはない。

こうなると県政を進める上で、「自身が常に正しい」という意識が働き、自身の考えに反対する職員は許せなくなるのだろう。

部下に対する暴言から始まり、県内観光地へのおねだりと貰い物の独占、その他知事選への投票依頼など7件の疑惑が明らかにされている。

例えば、民間企業のワンマン社長もＳ知事と似たような行動をとることもあるが、決定的な違いは、影響される範囲が大きく異なることだ。

兵庫県は全国的に大きな県でもあり、約５４０万人の県民の生活に大きく影響する結果となってしまった。

実は有能なトップは、自身の言動の行き過ぎに、待ったをかけてくれる腹心を配置しているものだ。

Ｓ知事の言動の信じられないほどの変わりように、彼の昔の友人は驚きを隠さないが、そのエリート意識と思い上がりは、おそらく総務省時代に培われたものだと思う。

ウクライナ戦争

2022年2月24日はロシアがウクライナ侵攻を初めた日だ。それから2年半あまり。戦争が終結する日は見えていない。今どきこのような戦争が起ころうとはだれが想像しただろうか？

ウクライナではすでに数千人の死者があり、それを逃れるために数百万人が国外へ逃亡している現実。世界中が大規模の気候変動などで困惑しているときに、この戦争被害。この戦争も気候変動に大きな影響を与えるに違いない。

とにかくウクライナの人々の惨状はとても見ていられない状況だ。

プーチンの野望

今回の戦争の大元は、ロシアの独裁者プーチンの野望からきている。

独裁者とは、すべてのことが自分の思いのままになるという幻想を抱き、その実現のためにはどのような手段もいとわない人のことだ。まさに北朝鮮とまったく変わらない状況ではないか。

そもそも世界最大の面積を誇るソ連という国が崩壊したのが約３０年前。かってのソ連という大連邦国家をまた再建したいというプーチンの野望が、今回の他国への侵略になったというのが本音だろうか。

このような勝手な振る舞いが、今の世の中で許されるはずはない。ウクライナも旧ソ連から独立した人口４千万人を超える立派な国だ。ましてや首都キエフは、かってソ連が誕生した発祥の地であり、歴史的な建造物がたくさんあるにも関わらず、その都市を砲弾が飛び交う現状は、ウクライナ人はいうまでもなくロシア人にとっても、まさに内臓をえぐられる思いだろう。

独裁者を生む背景

プーチンは大統領の座についてもう２０年以上にもなる。

まずはこのような長期政権が許されるロシアという国自体を疑ってしまう。最近の新聞記事にも同じようなことが書かれていた。ロシア軍幹部がプーチンを恐れ、現状を率直に伝えられないとのことだが、これはまさにワンマン社長に部下が何も言えないのとまったく同じ構図ではないか。

経営がうまくいっているうちはよいが、世情や業界の関係で予想だにしない悪い状況に陥った時に、その原因を究明せずに、いっさい聞く耳を持たないワンマン社長であったら、その後の経営はまずは保証されないケースがほとんどだ。ソ連崩壊で共産主義は断ち切られたはずだったが、今回の戦争で今なお厳然と存在していたのは驚きだ。

その意味では8年任期の米国大統領制の方が的を得ている。しかも任期4年の中間選挙もあるから、業績次第で4年で打ち切りもあり得るのだ。

プーチンは貧しい育ちで苦労して大学に入り、その後KGB－国家保安委員会に入ったがパッとせず、ソ連崩壊時に、サンクトペテルブルク市長に気に入られ、その後運よく一気に大統領まで上り詰めた男だ。

よくありがちだが、苦労してつかんだ地位は一切譲ろうとせず、人間の欲望むき出しの人間性だということがよくわかる。

核の脅威

一時、ロシア軍にチェルノブイリ原発が占領されたニュースは世界に衝撃を与えた。我が国も福島原発の例があるので、他人ごとではない。

チェルノブイリ原発事故は、福島の数十倍も放射能が飛散拡大した世界最大の事故だった。

当時のソ連はこの原発事故を隠していたが、数日後なんと北欧のフィンランドあたりから放射能漏れを指摘され、初めて原発事故の公表に踏み切った背景がある。事故発生時、首都キエフの街では、上半身裸で日光浴を楽しむ市民が数多くいて、その後の原発事故の公表で初めて放射能の恐ろしさを知り、多くの人が被爆者となってしまったのだ。

プーチンは核の脅威をちらつかせ、ウクライナや西側諸国にウクライナ侵攻の正当性を主張しているが、この行為はまるで〝やくざの恫喝〟そっくりではないか。

世界で唯一の被爆国である我が国は、約７９年前の核の恐ろしさを痛いほど知っている。たった一発の核弾頭が広島、長崎に投下されただけで、あれだけの甚大な被害を与えるわけだから、今もし核戦争が起こったとしたら、地球は丸ごと破壊され、世界中が放射能で汚染されることにより、人々が行き場を失い生活できなくなってしまうのだ。

たった一人の独裁者に世界の人々が翻弄されるなんて、許されてよいはずはない。

世界には２００に迫る国々があり、７７億人が生活している。であれば、いろいろな人々の生活や考えがあり、時には意見が食い違うこともあるだろう。

しかしお互いに協調し合い、同じ地球人として共生するにはどうするかのリーダーシップが、国のトップに与えられた責務ではないのか。

第2章　医者は患者を診ているか？

新型コロナウイルス

戦後始まって以来の新型コロナウイルスによるパンデミックについて気がついた点を以下に述べてみたい。

ウイルスの歴史

ウイルスを原因とする伝染病は、今から約12000年前の新石器時代に、人間の行動が変化することにより、農業共同体が形成され、人口が密集したことに端を発したといわれている。

これによりウイルスは急速に拡散し、その後風土病となったとされた。

天然痘は人に感染するウイルスの中で最も古いもので、当時ヨーロッパ人により世界へと運ばれ、先住民はこれらの免疫を持っていなかったため、数百万人が死亡したといわれている。

インフルエンザのパンデミックも1918〜1919年にかけて大流行し、世界で40

00〜5000万人が死亡したらしい。

ウイルス感染を予防するワクチンの開発は、パスツールとジェンナーにより開発されその後1930年代の電子顕微鏡の発明で、ウイルス学研究は大いに進んだといわれている。

一方ウイルスのほとんどは有益なものも多く、人間の進化の基にもなり、生命に必須な存在ともいわれている。

死亡者の数

今回の新型コロナの問題で、日本は各国に比べ死亡者が少なく世界から不思議がられている。その理由として清潔好きの国民性と医療体制の充実がいわれているが、国民皆保険制度が充実し、だれでも医療を受けられる環境にあることが一番の理由ではないかと思う。

最大の死者数を出した米国は、誰でも保険に入れる訳ではなく、貧民は病気になっても満足に医療をうけられず、今回の大量死の基となっている。

同様に大流行が予想されるアフリカ諸国も、似たような道をたどると想定される。

行政の対応と不透明さ

本コロナウイルス問題に限らず、行政の対応に国民の多くが失望してしまった。例えば国民に対する自粛要請にしても、国と都道府県の足並みは大きく乱れ、また国民への助成金の手続きにしても、大都市では大幅に遅れ、国民に多大な迷惑をかけてしまった。

また「安倍のマスク」と世界から笑いものにされたマスクが、多くは中国製で不良品が多く、それをカバーすべくつぎ込まれた数百億円のムダなどは、まさに行政の無能ぶりをさらけ出してしまった。

次に、行政と民間企業の癒着の問題だ。今回の助成金の事務手続きについて、多くは大手広告代理店の電通に大量の事務手数料が支払われているのが実態だった。

電通と行政の癒着は前々から指摘されていて、電通の関連会社に多くの行政の天下りポストが用意されていたのだ。国民の多くが仕事を制限され、一日も早い助成金を待ち望んでいる最中に、このような不透明で大量の資金が裏で流れているとは、呆れてしまう。

人命か経済か？

人命を優先するあまり経済をストップしてもよいのかの議論は難しいが、人命に関わる部分と、そうでない部分をはっきり線引きし、そうでない部分の経済活動をいち早く再開することについてのリーダーシップが行政に欠けていたと思う。

つまり日常「３密」を引き起こさざるを得ない業種や伝統行事はロックアウトを含め厳しく制限し、それ以外は徐々に解放する臨機応変な対応が必要だったのだ。

また今回のパンデミックで、業務形態が大きく様変わりした。

毎朝９時に都心のオフィスに出勤する今までの何気ない習慣が、がらりと見直されたのだ。毎日過酷な通勤電車でかなりのエネルギーを消耗していたことに気づき、それが取り除かれたことによる仕事の成果をあらためて実感したという人が少なくなかった。

一方今都心のオフィスの値下がりが顕著になりつつある。リモート業務の広がりに連れ、広くて高額なオフィスを借りる必要がなくなってきたからだ。

となれば、いわゆる「東京一極集中」の問題は、見直されるかもしれない。

グローバル化の行き過ぎ

一方で、「グローバル化の行き過ぎ」も問題になり始めている。

今やひとつの製品やサービスについて、自国だけですべてを賄うことができなくなっている。つまり部品の輸出入もさることながら、世界の人々の人的交流が欠かせない時代になっているからだ。しかし戦争やコロナ禍で他国への入国が制限されることもあり、今後は自国だけで完結する製品やサービスが求められる時代が来るかもしれない。

リーダーシップの欠如!

リーダーシップが日本のリーダーに、いかにないかが明らかになった。どのような組織であれ、リーダーとは当該組織を今後どうするかのビジョンを示す責任があるはずだ。

ところが岸田前首相からは、当時そのようなビジョンは何ら示されてなくて、記者会見でもほとんど原稿の棒読みで、何ら国民に真意は伝わってはいなかった。また小池都知事についても、「3密回避」や「ステイホーム」を繰り返すだけで、これだけ東京都の感染者が急速に増えたにも関わらず、何ら有効な手段が打たれてこなかった。

一方当時のドイツのメルケル首相あたりは、普段は冷静沈着にも関わらず、国民の健康を心から気遣い、場を取り乱してもその深刻さを訴える発言が、世界に感動を与えたものだ。

「go to travel」や「go to eat」などで、経済を立て直す方策がとられたが、逆に感染の拡大を助長するとの意見もあり、中途半端で終わっている。

人の移動の制限もあり、観光・旅行業界は大打撃だが、このコロナウイルスは人の命に関わるから、まずは経済よりも人命を優先するのが筋だと思う。

そして人の移動制限により影響を被った業界には、相応の資金援助を速やかに行うのが今一番必要ではないだろうか。人間は健康であって初めて観光や食事に出かけられることを思えば、なおさらだ。


医療崩壊！


現時点ですでに医療は崩壊していると思う。というのは、今までのコロナ感染者以外の重症患者が、コロナの影響で入院・手術ができない状況になっているからだ。

これでは助かる命が助からないケースが、今後急激に増加することが予測できる。コロナ感染者よりもはるかに深刻な病状を抱えた患者こそ最優先すべきだと思う。

一方、医療従事者に対してその待遇があまりにもひどすぎる実態が明らかになっている。医者はともかく看護師の労働条件は、過酷すぎて続々退職する人が後を絶たない。コロナ患者からの感染を防ぐための防護服の着脱やきめ細かい患者のケアなどは、とても一般人ができるものではない。有能な看護師がいるからこそ、コロナ感染の死者数が抑えられているのではないのか。

とすれば、今行政が行うべきは、医療従事者へこそ、手厚い援助を差し伸べるべきだと思われる。

国民は、何の計画性もなく場当たり的なやり方の行政に大きな不満を抱いていることが、ニュースや新聞報道で明らかになっている。特に新型コロナウイルスや、この間開催された東京オリンピックへの対応など、稚拙すぎてあきれてしまう。

医者に問題あり

医者の身勝手

私は体に変調をきたすと、自宅近くの小さな病院に掛っているのだが、定期健診でもう少し精密検査が必要とのことで、某大学病院を紹介された。

そこの大学病院では、血液検査をはじめ、全く同じ検査を前の病院と同様に行うよう指示された。

医者に指示されたときに、前の病院の結果があるのですが、と問いただしてみたが「人間の体の状態は良く変わるので、診断は最新のデータに基づき行うのが基本だ」と説明され、受け入れざるを得なかった。

医者の言う最新のデータに基づく診断もわからないわけではないが、最近の私の体調はあまり変わりはなく、再度の検査が必要なのかは大いに疑問だった。検査にはｘ線撮影も含まれていて、なんと撮影部位が７か所もあり、放射線を浴びるので人体に悪影響があるのではと益々不安になってしまった。

このように、医者は他病院のデータを信用しないことが多い。

さて、もうこのような時代ではないのではないか。

１年前の検査データなら再検査は必要かもしれないが、私の場合わずか１か月ほど前の検査データだったのだ。

現代の検査技術はかなり発達していて、どこの検査機関でも同じような結果が出るので、他の医療機関の検査データを信用しないというのは、医者個人のエゴでしかない。

まずはそのデータはいったんは受け入れ、その後どうしても納得が行かない場合のみ、検査をすればよいのではないのか。

悪徳医者

もう1件あった。

自宅近くにあるKクリニック。院長は慶応大医学部卒とのことで、中に入ると卒業証明書や専門医の資格証明書などが、これ見よがしに掲げられている。

先日他の病院からの紹介状を持参し、Kクリニックに行ったところ、診察後即手術が必要とのことで、有無も言わさず手術室へ連れ込まれてしまった。

驚いたことに、手術後の会計時に、手術の承諾書にサインを求められたのだ。ちょっとした手術だったが2~3日痛みが収まらず大変な目に会ったものだ。私も甘かったが、今は手術前に患者に同意を得るのが当たり前になっているはずだ。

後でネットでKクリニックの評判を調査したところ、私のように同意を得る前に手術をさせられたとの苦情が数件書き込まれていた。

経歴は大したもののようだが、基本的な手続きを怠っているところを見ると、かなり自分勝手な悪徳医者だと思われる。

私はもう、そのクリニックにお世話になる気持ちはない。

患者を診ない

最近の医師は、患者の検査データにこだわり過ぎていると思う。

診察室に入っても患者よりもパソコンの検査データの方ばかりに関心があり、患者に向き合おうとしないのだ。

パソコンの入力速度は速く、まるでＩＴ会社のオペレーターのようだ。

確かに検査データは診断に必要なのはわかるが、そのデータも体調次第で変化することも十分あり得るのだ。

となれば、検査データをチェックするまえに、まずは患者の日常の暮らしぶりや、最近の体調を触診をしながら診察するのが先ではないか。

昔の医者は、聴診器ひとつで患者の様子をじっくりと観察し、それに該当しそうな病気を言い当てたものだ、

触診をしながら、患者の目や診察の反応を見るだけで、ある程度の診断がつくものだ。

小さな診療所

埼玉県西部地方の私が住んでいる市に、小さな診療所が誕生した。

全国の過疎地域では、街の診療所が年々少なくなり、長年そこに住んでいる住民にとっては死活問題になっている。

今全国的に医者の数は以前よりも増えているとのことだが、あえて田舎にまで行き奉仕する医者は少なくなっているのではないか。

この小さな診療所ができたのはそれになりの理由があった。近くには総合病院もあるのだが、待ち時間が長く、診察は3分足らずという、今全国の病院で問題視されていることが、ここでもあったからだ。

それに比べるとこの診療所は、待ち時間が少なく医者の診療も極めて良いとのもっぱらの評判だ。

診療所の院長といっても年齢は40代後半と若く、地方の国立大学の医学部出身だ。

各々の患者に対する対応が物腰柔らかく、いつも患者の身になって考える姿勢の評判がよく、徐々に患者数が増えている。

医者のプライドと役割

医者には簡単になれるものではない。まずは難関の大学の医学部を卒業し、医師国家試験に合格しなければならない。

その後医療現場で実体験を重ね、初めて医者として独り立ちできる。

全国には大学医学部はピンからキリまであるが、どこの大学でも一番偏差値が高い、超難関学部である。

それが頭にあるので、どうしてもエリート意識が強く、部外者の意見を素直に聞けない人が少なくないのだ。

しかしこのような態度では、本来の医師にはなれないということが少しづつわかってくる。医者はまずは患者の命を救う、あるいは何らかの病状悪化を食い止め、健康体に戻すためのサポートをするという使命があろう。

これを実現するためには、医者、看護師、介護士、事務職員など、良好なチーム体制の構築が必要だ。

診察の姿勢

次にこの若手の医者の診察姿勢は、最近の医者のそれとだいぶ違う。まずは患者の日常の生活パターンを、患者の顔や全身をしっかり見ながら診察する。昔年配の町医者によくある診察スタイルだが、この医者は若いにも関わらず、そうなったのはなぜなのかをこちらが聞きたいほどだ。

ところが最近の医者は、ほとんど患者の顔を見ずに、パソコンの数値を見ながら、あれこれ気づき事項を述べるという手法だ。

中心となるのが血液検査の結果だが、私の場合定期的に行っているので、前回との数値の違いを医者が確認する程度だ。これではわざわざ医者の診断を仰ぐ必要もないとも思うが、医者は診療のプロで、かつこちらが気づかないこともあるので、それを確かめる意味で受診している。

コロナ禍以降、患者はもちろん、医者や医療従事者もすべてマスク着用なので、お互いの表情がわからず、本来の診察ができていないように思えてしまう。患者としては、日常の生活パターンを中心に、どのように改善すればよいかのアドバイスが欲しいのだが。

薬の処方

この若手の医者はよほどのことがない限り薬を処方せず、まずは患者の様子をしばらく見るというのが基本姿勢だ。

ところが最近のほとんどの医者は、診察後の薬の処方も、あまり説明せず、その量もたいてい2週間程度と決まっている。患者側としては、薬の中味はネットで調べればわかるが、必要ないものまで含まれていることもしばしばだ。

私はもともとよほどのことがない限り薬は飲まない方なので、帰ってからの不要な薬のゴミ箱直行も珍しくない。

高齢者の中には、袋に入りきれないほどの薬を処方され満足げな人も少なくないが、このような医者が少なくないので、医療費がかさむのだ。

人間には「自然治癒力」があるので、まずはその効果を待つのが基本ではないかと思う。中には医者の薬の処方にノルマを強要する悪徳病院もあり、その被害者は患者そのものなので、医者の処方を単純に信用しない方がよい。

予約制

またこの医院は、患者を丁寧に診察することから、患者を長時間待たせないために「予約制」を敷いている。

それでも約束した時間が遅れ待たされることがあるが、患者側から苦情が出たことはない。この医師の診察方法に皆納得しているからだ。

大病院であれば優れた医者がいるのも事実だろう。しかし患者にとっていいか悪いかは、病院の規模ではなく医者が真正面から向き合って診察してくれるかどうかではないか。単なる検査結果の数値にこだわるのではなく、患者を丸ごと診る昔の町医者が本当に少なくなってしまったのは残念なことだ。

健康情報の混乱

テレビ、ネットその他SNSなどで健康情報があふれている。現代は健康を気遣う人が増えていて、それに便乗した商魂たくましい怪しげな企業も散見される。

コレステロール値が高めの人にはこれが効く。内臓脂肪が高めの人は肉を控え野菜類を多くする。血圧が上昇気味なので塩分は控える。普通に歩数を稼ぐ歩きよりも、大股で早歩きを加えるとより健康になる。体のストレッチを習慣化すると１０歳若返るなどなど、健康に関する情報はいたるところにあふれている。

というわけで、現代人はさまざまな健康情報に振り回され、いったいどれが自分にとって有用なのかに迷ってしまう人が少なくない。

健康診断が基本

健康を維持するためには、まずは自身の現状をしっかり把握するのが基本だ。そのために健康診断があるのだが、私のサラリーマン時代は会社に健康保険組合があり、それに従ってチェックできていた。

最寄りの温泉病院で一泊２日の宿泊付きの人間ドックもあり、よく利用したものだ。

私はたばこは吸わないが、お酒が好きなのでいつも肝臓のチェックは必須アイテムとしていた。時々γＧＴＰ値が高めに出ることがあり、その時はお酒を控えたものだが、それで数値が改善されたのでまたすぐに戻ってしまった。

その後早期退職し独立した後は、定期的な診断は行わずに、体の調子がよくないときだけ、受診するようにしていた。

血液検査で判明

今から数年前に、都内の大学病院で無料の血液検査付きの中高年の健康講座があり応募した。1週間後にその結果が送られてきたが、PSA値が5で、念のため「前立腺がんの検査」の受診を勧めると記載されていた。

思いもよらない結果だったが、近くの大学病院の泌尿器科を受診したところ細胞検査が必要となり、その後初期の前立腺がんが判明し、転移はなかった。

それまで自覚症状はまったくなく、トイレが近いのは齢のせいだと思っていた。今思えばたまたまの健康講座のおかげで大事にならずに済んで、ラッキーだったと思う。

放射線か外科手術か?

どちらにするかさんざん迷った挙句、最終的に放射線治療を選択した。

外科手術で悪いところをすべて除去するのが理想と考えたが、放射線治療でも同程度の効果があるとのことだったのでそれにかけてみることにした。

治療初期は血尿が出たりして不安だったが、その後それもなくなり、今年で９年が経過した。

治療後の半年ごとの定期健診で、血液検査のＰＳＡ値はいつも０．５程度と低く、医者からは「寛解」のお墨付きを頂いた。

これからの医療

これだけさまざまな医療に関する情報が世の中にあふれていることを考えれば、医者の診察に納得が行かない患者が出てきても不思議ではない。

それだけ患者側が医療に関する情報を自分なりにしっかりと掴んでいる証拠でもあるが、医者も当該患者を目の前にして、しっかりした根拠をベースに、納得してもらえる説明が必要な時代になってきている。

世の中がそれだけ成熟してきたともいえるが、もともと医者と患者は対等な立場であり、昔のように医者に何も言えない時代はとうに過ぎ去っているといえよう。

昔から「医療ミスの裁判は勝てない」といわれ続けてきたが、もうそのような時代ではないのではないか。

患者取り違えや病気の見落としなど、今までの明らかな医療ミスのほかに、高齢者に対し手術が必要かどうかのＱＣＬ判断や、手術の合意を得るために、患者側が納得できる説明を充分したかなど、医者優位の時代は変わりつつある。

昔から言い古された言葉に、「患者は医者に命を預ける」というのがあるが、これは双方の信頼関係があっての話だ。

そのためには患者側は医者の診断を信じて、それに全力で従う姿勢があって初めて可能となるのだ。

第3章　本来の経営とは？

ピーター・Fドラッカー

国際規格ISOの原点とされているドラッカー(1909―2005年)の著書「マネジメント」が知られている。

彼は初めてマネジメントに関する著書を出版し、65年間の長きにわたり、個人、組織、社会の複雑な側面の関連について、効果的なマネジメントとはどうあるべきかを生涯追い求めた著述家だ。

マネジメントは社会のあらゆる領域に応用されており、美術、音楽、スポーツ、医療、軍事、学問、政治、経済などで業績と成果が上がっているのは、マネジメントの知識・技術が役立っているのだという。

実は、ISOのマネジメントシステムは、このドラッカーの考え方そのもので大いに参考になる。

人間の配置と目標

社員が協力して業績を達成できる状況に人間を配置すること。

つまり人材の適材適所を実現することで、経営資源が顧客にとってのメリットに変貌する。人材の強みを発揮させ、弱みを無意味にすること。

企業の使命を明確に定め、それを実現するための目標は、明確かつ簡潔で、拘束力を持たなければならない。またマネージャーはそれを実現するために自ら手本となること。

企業の価値は組織内の人間で決まる。社員数の変動よりも、優秀な人間を確保できたか、あるいは失ったかだ。

魅力ある企業になるためには、信頼、成果重視、プロ意識、責任感、オープン化などにより活発で共同体の文化を築くこと。

コミュニケーションと人材育成

組織で働く人間の知識と能力は多種多様である。

その組織を効果的に機能させるためには、良好なコミュニケーションと個人的な責任を持たせる必要がある。社員は自分の貢献と目標を熟知し、目標を達成するためには何が必要かを常に自覚すること。

なお、組織内の人材をよい方向に育成できればそれに越したことはないが、逆に育成がないがしろにされれば組織に悪影響が及び、それが衰退につながってしまう。組織自体の能力、強み、成長はマネージャーが優れているかどうかであり、それを支える人間の能力、自己啓発、成功は、人材育成が重要視されているかで決まる。

仕事の水準

与えられる仕事は、今まで成し遂げられた仕事よりも大きくて遂行困難であるべきだ。そのような仕事こそ、人々に勇気を与え、それを克服しようと努力するものである。

逆に要求を下げて行くとチャレンジ精神を失い、やがては堕落した人間になってしまう。

仕事の進め方と時間管理

成果の上げ方を知らない人が驚くほどいる。そうした人たちは、自分に合わない仕事の進め方をしているので、自分が持っている潜在能力よりもはるかに劣った成果しか上げられない。自分に合う仕事の進め方を、自分の性格や方向性を考慮しながら試行錯誤で探すべきだ。

　また時間は、毎日の行動の中でかけがえのない存在である。すべての行動は時間を必要とし、業績と成果は時間の使い方と直接つながっている。時間も経営資源のひとつであり、お金や従業員は増やせるが、時間はストックできないし、過ぎ去った時間は取り戻せない。自分の時間の使い方をリストアップし、無駄な時間はなくし業績アップに時間を使うべきである。

効果的なマネジメント

　マネジメントは大きく分けて３つから成る。「組織のマネジメント」「イノベーションのマネジメント」「人間のマネジメント」であるが、ここでいうイノベーションのマネジメントとは、組織や人間とも関係し、イノベーションを生み出す能力は組織の中心的なパワーとならなければならない。

　他人から信頼を得るには良識と品位が大いに関係する。正直さ、公平さ、忠実さ、誠意、それに人の話にじっくりと耳を傾け、約束は必ず守ることが必要。また自ら協力的な行動をとり、相手を信用し、善人で有能だという前提を持つこと。

経営資源の使い方

組織は多くの分野で重要なことを同時に行うことはできない。

重要な第一歩は効果と効率の障害となる事項を計画的に排除することである。排除が計画的に行われれば、競争に有利になり、貴重な資源を効果的に使うことができる。変化の先頭に立つ組織と人間は、リスクを甘受しつつ、遅すぎるリスクの方が大きいと知るべきである。

組織内の社員をいかにやる気にさせ能力を発揮させるかが企業を成功させる一番の効果的な方法だ。つまり社員のモチベーションを上げることは、あらゆる側面に効果が出ることになり、結果として組織の発展につながる。

仕事上のミスも減り、能率も上がり、会社の発展につながるアイデアも増加する。

力量把握と自己評価

さて前述のドラッカーの言っていることを頭に入れ、あらためて社員のモチベーションを上げる目的でこのＩＳＯ規格を見ると、要求事項の「力量」及び「認識」が大いに関係している。

管理者は、社員の現在の力量を把握して、今後本人にどのような希望があり、どのような仕事に挑戦させ社員のやる気を醸成するかを、この規格を活用し実現したらよい。社員の力量が異なるのは当たり前で、ベテランもいれば新人に近い社員もいる。また技術的に優れている社員もいれば、人当たりがうまく営業に向いた社員もいるはずだ。

このようにすべての社員の現在の力量を、素直に評価することが社員のモチベーションを上げる出発点になるだろう。

この場合単なる上司の評価だけではなく、社員本人にも自己評価させると、特異なところと苦手な点をより自分なりに把握できるメリットもある。

組織が外部の変化について行けなくなったら終わりだ。変化の先頭に立つチェンジリーダーこそこれからの時代には求められる。組織は常に絶え間ない変化を受け入れられるよう調整し、体系化しなければならない。

一方変化には勇気が必要だ。手慣れたことから離れ、危険性も考慮しながら抵抗も覚悟しなければならないからだ。

これからの企業

ブラック企業が世間を騒がせマスコミで取り上げられているが、社員にやりがいを与え、その力で企業の発展を目指す企業も少なくない。

企業の発展はずばり「社員のやる気」だ。社員の仕事に対する意欲が高まれば、斬新な発想やアイデアも生まれ、仕事上のミスやトラブルもあまり起こらないものだ。

そのためには、いかに社員の人格を認め、その能力を引き出すかのマネジメント力が問われるのだ。

その基礎づくりの仕組みが、実は国際規格ISOなのである。

「マネジメントシステム」という名の通り、「組織の経営のツール」として1987年に開発された。今や世界の180か国以上の国々に導入され、認証件数も150万件を超えている。

しかしながら、本来の国際規格の意図を理解できずに、形式的で役立たない仕組みに振り回され、せっかくのISOを投げ出す企業も少なからずある。代表的な国際規格のIS

Ｏ９００１（品質）、ＩＳＯ４０００１（環境）、ＩＳＯ２７００１（情報セキュリティ）などの各要求事項をじっくり読んでみること。

大それたことを要求しているわけではなく、みな当たり前で企業の発展ために必要なものばかりだ。

世界の情報が瞬時に行き渡り、世界中の人々の交流が日増しに活発化するグローバル社会にあって、これからの企業には、この国際規格の考え方は必要不可欠になるはずだ。

ここでは現代の代表的な企業である「グーグル社」をみてみよう。

ミッションの内容

一般的な企業のミッションは、顧客第一に徹するとか新しい文化を創造するとか、具体的ではない内容が多いが、グーグルのそれは「世界中の情報を整理し、世界中の人々がアクセスでき使用できるツール」と具体的だ。

明快なミッションは、ふたつのメリットを生む。

ひとつは決断が迅速になる、もうひとつは決断を全員で共有できるということ。

グーグルのビジネス

グーグルのサービスはほぼ無料。しかしタダというのは理想的なサービスではない。例えば多くの地上波テレビは、タダで視聴者に番組を提供しているが、資金はスポンサーから出ているため本当に視聴者が見たい番組とはならない。

グーグルは、例えばスマートフォンからグーグルのサービスを利用すると、GPSの位置情報がグーグルに送信され、それらのビッグデータを解析することにより、グーグルマップで渋滞情報を提供できるという双方のメリットで成り立っている。

20%ルールと組織構造

本来の業務以外に20%は別のことに使わなければならないというルールを決めている。これは20%を、昼寝やテニスなど好き勝手に使ってもよいと誤解されやすいが、本業を80%の時間でこなし、残りの20%で生産的なアイデアを出す決まりとのこと。

またルーチンの仕事は、古典的なピラミッド構造の方が意思決定には向いているが、まったく新しいことを進めるためには、フラットの構造とし、自由に話し合える環境づくりが一番だという。そして仕事がルーチンに移行すると、フラット構造ではうまく行かず、ある程度の階層構造である方がうまく行く。

採用基準

新人の採用は学歴偏重だ。

大学のレベル、大学の成績、どのような学位をもっているかなどが基準となる。履歴書に大学名さえ書かせない日本の採用基準と真逆。従ってスポーツやアルバイトなどに精を出し、学業がおろそかだった人はとても入社は無理。

その後何段階かの面接を経て、最後は創業者2人の面接となる。ところが最後は人間性が重要視され、協調性がなかったり、エゴの強い人はここでダメ。

つまり、徹底した学歴主義と人物主義を組み合わせたのが、グーグルの採用基準だという。

エンジニアの楽園

カリフォルニア州マウンテンビューにあるグーグルの本社は、エンジニアが必要としているものは何でもある。

ジム、ビーチバレー、ローラー、ホッケーなどの施設、美容室、洗車場、託児所、歯科クリニック、それに専門のトレーナーが24時間体制で務めている。通勤もサンフランシスコから専用の通勤バスが頻繁に運行されていて、バスの中には無線LANが完備され車内で仕事もできる。

また社員食堂も24時間営業で一流シェフが世界中の料理をふるまっている。これらすべては、全世界から優秀な人材を確保するためだという。

セマンティック検索

今グーグルが力を入れているのがこの検索。もともと検索サービスの分野においては世界の第一人者であるが、その進化はとどまることはない。

従来の検索は、どのような情報が欲しいかを利用者が自分で分析し、キーワードの組み合わせを考えなければならなかったのが、「利用者がどのような情報が欲しいのかを先読みして検索結果に表示する」という考え方である。

これを実現するには2つの方法があり、ひとつは「ナレッジグラフ」と呼ばれているもので、事前によく検索される情報を用意しておきその情報を表示する方法と、もうひとつは「ソーシャルグラフ」で、誰と友人関係にあるかのデータを活用することで実現できるという。

経営のヒント

私はマネジメントシステムを仕事としている関係から、時間が許す限りいつも数多くの「経営書」を読んでいる。

その中からいくつかの学んだ内容を紹介しよう。

失敗に寛容なアメリカと若い世代

日本人は間違いを起こしたり、失敗を極度に恐れてしまうことから、なかなか決断ができない特徴がある。

一方アメリカは、失敗しても復活のチャンスを与えてくれる寛容さがある。

いい例が東海岸のシリコンバレーである。

ベンチャーキャピタルなどは、１０のうち９は失敗する覚悟で、多額の資金を提供し画期的なアイデアを求めているという。

ところが日本は、もともと「失敗は恥」と思う傾向があり、アメリカのベンチャーキャピタルは、過去の失敗が名誉の勲章であると考えているのと大違いなのだ。

日本ももっと、官民一体となりイノベーションを起こすような土壌を作らないといけない。

日本がこれから新しい道を切り開く原動力は、何といっても若い世代の力を活用するしかない。

そのためには若者に「文化的な知性」を持たせる必要がある。その知性とは、世界の国々の考え方を学び理解する能力である。

今日本の若者が海外行きを敬遠する傾向があるようだが、一番は語学が苦手だという。それも一つの理由かもしれないが、相手の国の文化に共鳴し適用してみる行動力が乏しいところもあると思う。

ある企業は、若いリーダーを、いきなり言葉も環境も文化も異なる国に派遣し、直接苦労して身につけさせることを始めたところもあり、大いに参考になりそうだ。

インターネット時代のスキル

現代のように情報が氾濫する世の中にあっては、あらためて選択の意味を考えるべきだろう。

つまり、あまりにも情報が多すぎて、自分にとって必要な情報を見分けるステップが必要なのだ。新しい情報を収集しているつもりでも、実際には古い情報と重複しているところもあり、その互換性を確認し選択することで、際限なく情報収集を続ける無駄を省くことができる。

またこれからやろうとしている選択が、価値ある選択かどうかを見極め、かつたくさんの選択肢をカテゴライズする。

そして自分にとって必要なものだと考えたら、さらにその中から選択肢を絞り込み、真に必要な情報の選択を目指す。

包括的な政治制度

国家の持続的な発展は「収奪的」ではなく、「包括的」な政治制度が必要だ。包括的な制度とは、多くの先進国に見られる。

すなわち、国家によるインフラや公共サービス、教育への整備を通じて、個人は自由な職業を選択でき、あらたに事業や投資も可能であり、財産も政府によって保証される。

一方収奪的とは、一部の有力者の権限のもとで、多くの人が強制労働を強いられ、職業選択の自由とは無縁な状態に置かれる。北朝鮮や旧ソ連諸国、サハラ以南のアフリカ地域に今も存在する。

包括的な制度の権力者はあくまでも権力機構の「機関」と位置付けられ、単なる機能を果たすための担い手に過ぎず、その地位を離れれば権力者ではなくなる。

また包括的な社会の構築は、「エリート層の既得権」を温存しないことも重要だといわれている。

しかしながら一度既得権益を得てしまうと、今度は収奪的なエリート層として機能してしまうということもあり得る。

ソニーや東芝はなぜ沈んだか？

日本には素晴らしい技術や優秀なエンジニアがいるにもかかわらず、その力が発揮できなかったのは、いわゆる「大企業病」から脱皮できなかったといわれている。

組織が大きくなるとどうしてもその動きが遅くなりがちだが、今の時代「スピード」が失われたら、とてもイノベーションを起こすことはできない。

いま成功しているアップルやアマゾンなどは、大企業でありながら考え方の柔軟性と意思決定の速さは、成長期のそれと変わらないといわれている。

ソニーや東芝も当初から大企業病を戒めていたら、現在のような状況に陥らなかったかもしれない。

21世紀に成功する会社の条件

最近の若者の中では、「善意」に基づいて経営する企業に共感している人々が増えているそうだ。

そのせいか困っている人々を助け、多くの利益を得ようとせず世界を救うことに重きを置く会社が注目されつつある。

この流れは、近代資本主義を乗り越え、新たな時代の到来を予感させる。

例えばアメリカの社会起業家は、巨額の寄付を集め貧しい国に貢献する事業を行っている。

そのためにはコミュニティを作る能力が必要とされるだろう。これからの企業は、自社の開発した商品を好む人や、会社のビジョンに共感する人々のコミュニティをいかに作れるかが問われているともいえる。

タイムマネジメント

時間という概念は人間が生きてゆく上で極めて重要だ。生まれてから死ぬまで、時間は止まることなく着実に経過して行く。生年月日も人が生まれた時を示しているし、死んだ日も、その時が知らされる。誰しも幼いころは、あまり時間というものを意識せずに生活していて、朝から夕方まで友達と遊んだり、好きなことをして過ごしている。もっとも最近の子供は塾や習い事に忙しく、時間に縛られた生活をしているかもしれないが。

その意味では、時間という概念は無限ではなく、時間を意識しながら何らかの成果を求められているともいえる。

受験・スポーツ

目的の高校・大学へ入るための受験勉強は、限られた時間の中で効率よい勉強を心掛け、目的を果たさなければならない。

ということは、時間単位の成果をいかに挙げるかを考える必要がある。

目標の時期までに成果が得られれば、時間の設定は概ね正しかったといえるし、成果が思わしくなかった場合には、求める成果に対する時間の設定が適切ではなかったといえる。

スポーツでも同じだろう。

得意種目をいかに自分のものにするかは、時間と求める成果の兼ね合いだろう。

サラリーマン時代

まさに限られた時間の中で、いかに仕事上の成果が上げられるのかが問われているといえる。もちろん業務内容や個人の能力で、求められる成果が異なることも考えられるが、毎年評価される決まりであれば、一年という時間をいかに上手にコントロールし、目標の成果を上げるかを考えなければならない。

時間以外の要素

ただし目標を達成するためには、必要な時間のコントロールも重要だが、時間がすべてではない。

組織内でのアウトプットは、上司や関係者との人間関係が大きく影響するだろう。というのは、組織内の仕事は、ひとりでは完結できないからだ。

仕事を進める上で上司の許可や、関係者とのすり合わせや協力が必要だからだ。その意味では、当初の時間設定の甘さが露呈し、目標の成果が得られない場合もあるかもしれない。

つまり組織内では、時間のコントロールとともに、関係者との人間関係をスムーズにしながら、成果を出せるかが問われるだろう。

サラリーマンであれば、やがて定年退職を迎える。人生の一区切りだが、今は昔とだいぶ様相が違っている。

退職後は何もしないと決めている人もいるかもしれないが、そうであっても人間の寿命を考えれば、いかに充実した時間を過ごすかを考える必要があろう。ここでも天寿を全うするまでの時間のコントロールが必要なのである。

ある人は現役時代と同じように、退職後も仕事を続けたいと思う人もいるだろう。単なる生活費を稼ぎたい人もいるかもしれない。

いずれにしても退職後の人生は、本人次第で自由に人生設計ができ、思うままに時間のコントロールができてしまうのだ。

人生の終わりをどう過ごすか？

人間の寿命は限られている。今まで世界で最高の長寿命の人でも130歳を超えた人はいない。

ということから、100歳まで生きられたら、まずは人生勝ち組ではないだろうか。「ピンピンコロリ」が一番よいわけだが、実際にはそのようなケースは少ないだろう。

ある人は末期の病気でもうすぐ終わりかもしれないし、ある人は病気から回復し、新たに残りの人生設計を立てているかもしれない。

人間には寿命があり、何かの病気で死を身近に感じている人もいれば、今は元気で死とは無縁だという人もいる。この年代になれば、今まで何らかの事情で出来なかったことがあれば、可能な範囲で挑戦するのも一つの考え方だ。

私の友人で、70歳を超えた時から日本100名山に挑戦し始めた人もいる。また囲碁を本格的に始めた友人もいる。

つまり、やり残したことや好きなことを、この年代だからこそ思い切って挑戦できるのだ。もちろん健康も大事だが、残り少ない人生を自分なりに生きるのが、人生の最終ステップのタイムマネジメントではないだろうか。

現場社員の重要性

組織のアウトプットは、現場社員の力量や気力で決まるといってもよい。

メーカーも建設業もサービス業も、すべて現場の一線で働く人々により製品や建造物が作られ、また顧客に十分なサービスが提供できるというわけだ。

昨今の企業の大改革は、間接社員だけではなく多くの現場社員もリストラされているというから、これでは製品やサービスに悪影響が出るのは目に見えている。

大手企業の不祥事

最近また製品の品質に大きく影響するできごとが新聞で報じられ、大きな話題になった。検査員の資格がない人が行っていた。検査データが基準値を下回っていたにも拘らず、データを改ざんしていた。あらかじめ決められている検査を行っていなかった。

原材料の成分をごまかしていた・・・などなど。

世界一の製品の品質を誇る我が国の代表的なメーカーがこのような有様では、いったい何を信用すればよいのか、あきれてものがいえない。

このようなごまかしの原因は、「納期に追われ、それに間に合わせるためにそうせざるを得なかった」との回答が大半だった。

ということは、単純に人手が足りないということで、人員削減に代表されるリストラの弊害そのものではないのか。まさに後先を考えないリストラが、これらの不祥事を生む原因だったのだ。

本来のリストラとは？

いったいリストラとはどういうことなのか？

もともと「リストラクチャリング」の略語で、本来の意図は、組織の見直しや改革という意味であり、直接人減らしを意味してはいないのだ。

不幸にも人員削減をせざるを得ない状況になったとしても、現場社員のリストラは、よほどのことがない限り、最後に行うべきものなのだ。

例えば最近の鉄道会社でも運転手が削減され、ワンマン運転が多数を占めるようになってきた。

これではもし何らかの乗客や社内のトラブルがあった場合、一人の運転手だけではとても満足できる対応などできないはずだ。

まずは間接部門での省力化や、また給与が高い役員クラスこそ、第一線の社員よりもリストラの優先度は高いはずなのである。

第一線の社員をやる気にさせる

どこかの組織の体制図は、現場社員が一番上で、一番下に経営者が位置付けられていた。経営においては、まさにこの体制であればこそうまく行くのである。

つまり、現場社員が常に生き生きと仕事に精を出せるよう、上位の者がサポートするという体制だ。

高い製品やサービスの品質を顧客に提供することが本来の目的だと理解している組織は、自然にこのような体制になるはずだ。

英国のＥＵ離脱

最近の世界における大きな関心事に「英国のＥＵ離脱問題」があった。仕事柄英国と関係していたこともあり、ＥＵ離脱問題について、ここに整理してみることにした。

ＥＵの誕生とばからしい法律

もともと欧州は小さな国々がひしめき合い、さまざまな民族が集まった土地柄なので、国々の利害関係が衝突しやすく、戦争や争いごとが絶えない歴史的な背景があった。

そこで戦争や様々なもめごとが起こらないように、欧州を一つの国のようにしたら、いろいろな国々がうまく共存できるのでは、との考えがそもそものＥＵの始まりだった。

そのためには、地域内の関税を撤廃し経済を活性化させ、米国の協力のもとにソ連に対抗するという意図もあった。

　またＥＵは、加盟各国の代表が欧州議会で経済や金融などの決まりを作り、利害関係を調整する場でもあるが、決まりごとはすべての加盟国が従う必要がある。

　ＥＵ規則は一説に2万以上もあるとのことだが、その決まりごとに実現性がなく、各国の事情を反映していないことも多く、ビジネスにとって大きな足かせになっていたようだ。

　例えば掃除機の吸引力は強すぎてはいけない、スーパーで売られるキュウリやバナナは曲がってはいけない、データーセンターの個人データはＥＵ域外に保存してはいけないなど、現実離れしていて話にならないのだ。

　一方、選挙で洗礼を経ていないブリュッセルのエリート官僚が巨大な権限を持っていて、選挙で選ばれる欧州議会はあるものの、立法権はなく権限は限定されているそうだ。それに加えＥＵの役人の給与は高く、平均１６００万にもなるとのこと。

移民流入と経済格差

　もともと英国は移民を差別しない法律もあり、移民には寛大な国でもあった。ところがＥＵへの加盟から様子が一変する。

　ＥＵは域内の国籍があれば、ビザは不要でどの加盟国に住んでもよいとの取り決めがあり、ルーマニアやブルガリアなどの貧乏な国々から大量に英国に移住してきたのだ。

ＥＵはまた差別も禁止しているから、無料の学校、病院も利用でき、銀行の口座も開けるので貧乏国の人々にとっては英国、ドイツ、フランスなどの裕福な国は天国のようなものだったのである。

現在の英国には年間３０万人も移住してくるとのことなので、それら移民への負担も相当な財政支出になっていたという。

ということから、英国やドイツをはじめとした豊かな国々は、お金を出すばかりで、貧乏な国々に補助金などの名目で吸い取られるばかりだという。

例えばスペインやギリシャの高速道路はドイツや英国のお金で作られているとのことだ。逆に経済的に恵まれている国々には、ＥＵからの補助金はほとんど期待できず、これでは豊かな国々の不満は募るばかりだったらしい。

色あせるヨーロピアンドリーム

欧州を一体化するには、強固で安定した国内基盤を持つ優れたリーダーが必要だが、今のところそのような指導者は見当たらない。逆にフランスやイタリアなどで同様な国民投票を求める「ドミノ現象」が起きると、ＥＵ解体の恐れすらあるシナリオも語られ始めている。

元々ＥＵ統合は、知恵にたけたフランスが、ドイツの経済力を利用しての一大プロジェクトを仕掛けたともいわれ、そこに現実主義、合理主義を信条とする英国が途中から参加し「ベルリン－パリ－ロンドン」のトライアングルの微妙なバランスの上で機能してきた面もある。

今回の英国離脱が実現したことにより、ＥＵにとって一大ショックとなってしまったのである。

グローバル社会

ＥＵ統合は、現代のグローバル社会の先駆け的な出来事ともいわれ、目を見張るような技術革新が進み、あらゆる情報が瞬時に伝わる世の中にあっては、ＥＵが目指した人、モノ、金、サービスの自由な往来は間違ってはいないと思う。しかし同じ価値観を持つ民族ならいざしらず、何千年も異なる道を歩んできた民族を、欧州という域内でひとつに収めようとするには無理があったのではなかったか。

どのような世界であれ、異なる価値観や境遇を持った人々を融合させるためには、人々を納得させるための「強力なビジョン」、「優れたリーダー」、さらにそれを実現するための「プロセスコントロール」が必要になるものだ。

日本も今回の、英国のＥＵ離脱を対岸の火事として見過ごすわけには行かない。少子高齢化による人手不足の背景もあり、今後外国人が大量に移入してくる時代を迎える。移民をどう処遇し日本国で生き生き働いてもらうからには、今から真剣に向き合いどう対処するか考えておく必要があるのだ。

ＥＵ離脱の光と影

英国が正式にＥＵを離脱した後、人、もの、金、サービスの行き来がかなり制限され、現代の製品やサービスは国境を越えたやり取りで成り立っているものも少なくないので、よほど自国のみで完結できるものがない限り、経済危機に陥るのは目に見えている。

逆にＥＵ離脱をやめても、前述の移民やＥＵの取り決めなどに問題が山積しているので、現状のＥＵについての在り方など、大改革しない限り何ら解決は難しいだろう。

英国は直前まで、国民投票でも「ＥＵ離脱」が立て続けに否決されていた。

これは若者が積極的に選挙に参加し、とりあえずの目の前の経済悪化を危惧しているだけに過ぎないともいえた。

一方離脱を望む層は、世界で最も古くから議会制民主主義を育んできた英国の誇りを取り戻そうとする年配者たちが大半だった。

今回のＥＵ離脱の根底には、世界共通の現象である、経済のグローバル化により恩恵を受け得るエリート層と、国際競争により雇用喪失や賃金低下にさらされる庶民層の格差が益々拡大しつつあることも大きく関係している。

現代英国事情と日英関係

ＥＵ離脱によりＥＵとの間に、新たに関税や取り決めが必要となり、コスト高になっている。またＥＵからの移民ができなくなり、低、賃金労働者が不足し、農業その他でかなりの人出不足が顕著になりつつある。

一方スコットランドや北アイルランド地方は、元々ＥＵ離脱に反対していたので、独立化が懸念されている。

というのは、この地方に住んでいる人の大半はＥＵからの移民が多く、またＥＵから経済的な援助も受けているからだ。

２０２０年に英国がＥＵ離脱後、「日英経済連携協定」（ＥＰＡ）が締結され、双方の貿易の障壁を低減し、さらなる貿易の拡大や経済発展を図りつつある。またＧ７やＧ２０などの協定を通じ、世界のグローバルな問題の解決に協力しつつある。

国際的な安全保障問題についても、軍事的な協力や情報交換を行っていて、また地球環境問題やテロリズム、サイバーセキュリティなどの世界で取り組むべき課題についても、連携して活動している。

英国本部へ

私は英国に本部がある審査機関の日本法人を運営していたことから、定期的に本部が主催するミーティングに参加が義務付けられていた。

英国本部は首都ロンドンから北へ８０キロほどの田舎町にあり、人口は7万人ほどである。驚いたことに、街中に新しい建物はなく、ほとんどが古い建物で昔ながらの石造建築だ。住宅の色もほとんどがレンガ色に統一され、日本のように勝手な色は見かけない。

しかも高さ制限があり、3階以上の高層建築は、教会を除き皆無である。ということから街は全体として、昔ながらの落ち着いた雰囲気で、日本に比べて地味である。街中から車で5分も走ると、大きな草原となり、牧草地に牛がのんびり昼寝をしていたりする。

いつものことながら、本部行きはビジネスの一環なのでほとんど観光はできず、ロンドン市内と小さな田舎町での印象だけにとどめたい。

電車内で

いつも利用するロンドンの地下鉄内は、乗客が紳士だということだ。日本のように電車内でスマホをしている人はほとんど見かけない。また発車間際の駆け込み乗車もなく、次の電車を静かに待つ人がほとんどだ。というのは地下鉄の電車網が多岐に張り巡らされていて本数も多く、2~3分で次の電車が来るからだ。また車内で大きな声で会話する人もほとんどおらず、小さな声で遠慮がちに話しているというのが普通の光景だった。さすが紳士の国という印象だ。

新興住宅地

話変わって、本部がある田舎町の郊外には新興住宅地も広がっていた。

高層マンションらしきものはなく、ほとんどが一戸建てだ。

その一戸建ても日本では狭い敷地に、隣地の境界すれすれまでびっしりと建てられているのに比べ、この辺りはほとんどが８０～１００坪以上もある広い敷地に、ゆったりと建てられていた。

最近の建物は、なぜか石造ではなくほとんどが木造建築で、日本の建物に似ている。

各々の住宅には広めの駐車場もあり、隣の住宅との距離も十分で、プライバシーは確実に確保されていた。

これら新興住宅地も街中と同じように、住宅の色は統一されていて、周囲と違う奇抜な色はまったく見られない。住宅の高さ制限と、落ち着いた街並みを確保するための条例に従い、しっかりと景観が維持されている。

おそらくこの国は、太古の昔から街の景観を最も重視し、さまざまな規制が今なお適切に守られている証拠だろう。

英国人の人柄

いつもの宿はこの田舎町のホテルに決めている。部屋は広めで清潔感があふれていて快適だ。

ホテルのフロントは愛想がよく、いつも困りごとがあれば声をかけてくれという。日本人のおもてなしの心と一緒で、英国の田舎の人は日本人と同じぐらい親切心があふれている。

一方時間厳守は徹底していて、朝食や夕食の時間を守らないと、食事が提供されないこともある。

さらに、日常会話はユーモアを交え、コミュニケーションを円滑にし、かつ積極的に良好な人間関係を構築しようとする態度が顕著である。

英国料理は、フランスやイタリア料理とくらべるとあまりなじみはないが、朝食はベーコン、ソーセージ、卵に大きめのパン。夕食はローストビーフ、ポーク、チキンなどやタラなどの白身魚のフライ、季節の野菜やフライドポテトなどが多い。

いずれも家庭料理であり、あまり手の込んだ料理ではない。

食事の際、日本で見かける1人で数人の席を独占するような人はいなかった。2人ずれでも当たり前のように隅の席から座る。

またバイキング料理も我先にと急いだりしない。他人に迷惑をかける行動は小さいときからしつけられている証拠だと思われる。

話変わって英国は、日本と同じで食料自給率が低く、多くを海外から輸入していることから、価格変動が大きく悩みの種だとのことだが、農業は多種多様で、特に乳製品や肉類の生産は豊富で、高品質の製品が多い。

ただし農業従事者の高齢化が進み、農地が減少傾向にあり、自給率も低下している。

明治以来日本と英国は、距離が大きく離れているにも関わらず、行き来が盛んだったことを考えると、元々気持ちが通じ合っていることもあるかもしれない。

人助け

１週間もいるといろいろあるものだ。

仕事が早めに終わったので、ホテルに帰りまだ夕食までには時間があったので、運動も兼ね、周辺の散歩に出かけたところ、道に迷ってしまった。

カメラ片手にでかけ、スマホはホテルにおいたままだった。英国も秋は日暮れが早くあっというまに夕暮れになり焦ってしまった。

さあどうしようかと迷っていた時にたまたま小さな車の修理工場が目に入り、飛び込んだ。若い修理工に事情を話したところ、彼からホテルに帰るのに、ここから徒歩では1時間以上もかかるといわれ途方に暮れてしまった。

ところが彼は、なんと私を、自分の車でホテルまで連れ帰ってくれたのだ。

親切にされたお礼として、降り際にお金を渡そうとしたが、彼はいっさい受け取らなかった。あらためて英国人の人の良さを思い知らされたものだ。

建設業の先細り

昔は花形だった職業が、今や3Kの対象とかで若者から敬遠されている。

道路の整備や建築物の施工となると、どうしても近隣住民への配慮が最優先される。まずは近隣住民への説明と了解を得ることが必要とされるが、なかなか思うように行かないのが現実だ。

中にはクレーマーみたいな人もいて、施工にあたり、とても納得できない条件を提示されることもあるので始末に負えない。

確かに施工中は騒音や周辺環境の破壊を伴うのは致し方ないのだが、住民へは施工の必要性とそれに伴うメリットなどをわかりやすく説明し、了解を得るという地道な努力が必要となる。

周辺住民も頭ごなしに反対しているわけではなく、施工により街がきれいに整備されたり、利便性が大きいとなれば、積極的に協力してくれる人もいるものだ。

施工側の配慮

施工に携わる人は昔の職人気質の人が少なくないので、周辺住民に対してぶっきらぼうな態度だったりする。

このような場合、最低限住民への朝夕の挨拶だけは欠かさないようにすることだ。そのひとことが、あるかなしかで人間の印象はかなり違うので、声掛けは仕事の一環として自覚しておいた方がよい。また周辺住宅への迷惑をなるべく低減するために、防音ネットや水まきによるほこりの飛散防止、それに簡易トイレなどの設置は最低限必要だ。

さらに施工時間の厳守も怠ってはならない。一般的には８時開始～１７時終了のところが大半だが、周辺住民は毎日生活していることを思えば、時間厳守は必須だろう。

勤務体系

建設業も現場だけではなく、施工に必要な設計図書を作成したり、施工の途中で実施する各種検査記録などのとりまとめなど、現場以外の仕事もある。

昨今では建設業に関わるデータや写真などを一括管理できる建設業向け管理システムなどのソフトウエアも開発され、一昔前とは様相が一変している。

であるにも関わらず、若者に人気がないのはどういうことなのだろうか？

建設業というと、どうしても現場作業のイメージが強く、天候に左右されるデメリットもある。

屋内の施工であれば問題ないが、建築の場合は屋根が出来上がるまで、どうしても作業は天候に左右されてしまう。

また工期に追われると、時には勤務体系が不規則でかつ長時間労働にならざるを得ず、これらが若者に敬遠される理由だろう。

新技術開発

今までの長時間労働や危険が伴う労働環境を改善するために、さまざまな新技術が開発されつつある。

ＢＩＭ（ビルディングインフォメーションモデリング）

建物の設計・施工・運用を３Ｄモデルで統合管理するシステム。建物が部材も含め総合的・立体的に確認でき、施主との打ち合わせもスムーズにできる。

プレハブ建築

現場の施工を少なくし、あらかじめ工場内でモジュール生産し、工期短縮や施工品質の向上を図る。

ドローン活用

ドローンを活用した空中写真や３Ｄマッピングで現場の監視や測量ができる。

ＩＴ建設ロボット

コンクリート打設、レンガ積み、溶接用ロボットなどが開発されている。

このように建設業の技術革新は画期的に進展しているにも関わらず、どうして嫌われるのだろうか？

よく考えてみてほしい。建設業が成り立たないとなれば、今後計画されている建築や土木の施工が予定通りにできなくなり、社会インフラの構築に重大な支障が生じてしまうだろう。

ということから、あらためて建設業は何時の時代でもなくてはならないことを、人々に積極的にアピールするとともに、建設業の技術革新がきわめて進んでいることを、若者を中心に知ってもらうことが、重要な施策ではないかと思う。

さて前述の不規則な勤務体系が若者に敬遠されると述べたが、これをカバーする施策が充実してきている。

例えば代休制度だ。勤務時間が長期間に及んだ場合、それをカバーする大幅な代休がとれる仕組みだ。

この制度により全体の勤務時間は変わらず、平日の代休はのんびりでき、行ってみたい観光地も空いていて、思わぬメリットがあるものだ。

また建設業の特典として、自身が関わったものは確実に「作品」として後世に残ることになり、他の職業よりはやりがいがあるのは間違いないはずだ。

ＩＴ技術者の不足！

少子化の影響で、今後需要が見込まれるＩＴ技術者の大幅な不足が懸念されている。

ＩＴはやはり若者が中心となる必要があり、若者の出生率が年々低下する現状ではＩＴ技術者の増加は見込めない。

また小さいころからの教育の問題もある。情報リテラシー、つまり情報の真偽を判断する能力、情報を適切に活用する力、さらに情報を安全に活用する能力などは情報を扱う上で最低限知っておく必要がある。

さらに日本ではスタートアップ環境が弱く、米国でのシリコンバレーのような革新的な技術者が集まりにくい。

正社員優遇

私の知り合いのＩＴ企業では、大手の企業に数百人のＩＴ技術者を派遣している。

つまり彼らは外部の派遣社員としての扱いで、中には技術的には正社員より上にも拘わらず、正社員としては認められていない。

日本の企業は、正社員以外の外部社員をなかなか認めないところが多く、その結果彼らの給与は低く抑えられていて、それに納得できず退社してしまう人が後を絶たない。

大手企業は、社員を「人財」として扱うことが多く、技術よりも人間性を重視する傾向が強い。

確かにこの考え方も間違いではないが、ＩＴ企業のように技術力を重要視するところは、人間性だけでは期待に応えられないことから、時には技術力重視も必要なのである。

外国人労働者の待遇

技能実習制度として技能を学ぶ目的で雇用したにもかかわらず、雇用側の事情で単なる労働者として扱われている。

また特定技能制度として人手不足が深刻な分野で雇用され、長期間の滞在が許されているケースもある。

しかし外国人労働者の我が国の待遇はまだまだで、長時間労働や劣悪な作業環境などが取りざたされている。

また日本語能力も求められ、不足していると職場でのコミュニケーションに苦労するので、日本語の学習は必須事項だと思われる。

法的には、最低賃金の保障、労働時間の厳守、労働協約の透明性などが最低限必要で、人種、国籍、性別などによる差別は、あってはならないし、もし違反した場合には、当該管轄部署に報告できるとされ、速やかな是正処置が求められる。

ＩＴ技術者の種類

一口にＩＴ技術者といっても、いろいろな種類がある。

ＩＴ技術者とはＩＴ分野の仕事に従事しているエンジニアの総称であり、現代ではＩＴやＷＥＢなど、デジタル技術なしでは経営を成功させることが難しく、その必要性は高まるばかりである。

代表的な職種は、システムエンジニア、サーバーエンジニア、ネットワークエンジニア、ＩＴアークテクトなどがある。

いずれもＩＴ分野に必要な職種だが、中でもシステムエンジニアは、ＩＴシステムを開発する中心的な存在であり、システムの目的や方向性をとりまとめ、基本設計、詳細設計、プログラミング、その後の保守・運用までを一貫して手掛ける技術者で、高度なＩＴ技術とともに、全体を取りまとめるにふさわしいリーダーシップや人間性など、総合プロデューサー的な力量が必要となろう。

ＩＴ技術者であることを証明する資格には、難易度の順番から、プロジェクトマネージャー、基本情報処理技術者・応用情報技術者、ＩＴパスポートなどの国家資格を保有していることが必要である。（いずれもＩＰＡ　独立行政法人情報処理推進機構が資格認定）

これら市場価値の高いＩＴ技術者になるためには、いくつか必要なポイントがある。

先端ＩＴスキル

ＩＴ分野は日進月歩しているので、最先端ＩＴスキルを身につけることで市場価値が高い技術者になれる。

近年ではビッグデータや機械学習などの技術者が大幅に不足している。

フルスタックエンジニア

システム開発の幅広い工程に対応できるオールラウンダーのことで、設計、開発、運用までを一人で担うことができる人材

管理者スキル

プロジェクトリーダーのような管理者で、コミュニケーション能力に長け、チームをまとめられるスキルをもつ人材

金持ちが長生きの質を左右する？

保険適用外

保険適用の病気が限定され、金持ちほど高度の医療が受けられ長生きできる時代になりつつある。

例えば高度な先進医療。重量子や陽子線を用いた放射線治療で、特定の深さでエネルギーを最大に放出することができ、周囲の正常組織へのダメージを最小限に抑えることができる。

また主に血液のがんに対して行われるＣＡＲ－Ｔ細胞療法は、患者のＴ細胞を遺伝子操作してがん細胞を攻撃できるよう改変し、再び体内に戻す治療法だ。

ただしこれらの先進医療は保険適用外で、高額な医療費がかかることから、お金に余裕がないと受けられない。

一方、これはお金持ちかどうかに関係なく、家族に長寿の人が多い場合は、その遺伝子

が受け継がれ長生きできる可能性がある。

環境的要因とストレス

住んでいる地域や生活環境も寿命に影響する。空気がきれいで水の質がよい自然環境豊かな地域に住んでいれば、長生きできる可能性が大きくなる。

また金銭的に余裕がある人は、何かにつけストレスが小さいことが知られていて、長生きできる可能性がある。

とはいっても人間関係のストレスは、余裕があるなしに関わらず最大なストレスなので常に周囲の人とは良好な人間関係を築いておくことが重要だ。

ライフスタイル

食事、運動、睡眠などのライフスタイルは人間の寿命に大きく影響する。肉、野菜、飲み物など、常にバランスに気を遣うことで、重大な病気を防止できる。

運動は年齢や個人の体力に見合った内容を検討し、継続して行うのが基本。睡眠も寿命に大きく影響するので、できるだけ質の良い睡眠をとることを心がけること。

そのためには規則正しい生活と、静かで落ち着いた住環境の確保も必要となろう。

いずれにしても、資産家が長生きできるという決定的理由は見当たらない。

普通の人よりも先進的医療が受けられるということはあるかもしれないが、あくまでも良好なライフスタイルの上に成り立つ成果なのである。

食糧危機

我が国の食料自給率は先進国中最低の３８％。カナダ３２３３％、オーストラリア１６９％、フランス１３１％、アメリカ１２１％、ドイツ８４％、イギリス７０％などであり、大きく水をあけられている。

我が国の農業は高齢化が進み、かつ後継者を確保できずに、廃業せざるを得ない状況が顕著であり、ここ5年で１００万家族も廃業してしまった。

若者の中には農業に興味を持ち、進んで田舎に移住を決断する人もあるが、結局は夢かなわず撤退してしまう人も少なくない。

その理由としてはいくつか考えられる。

自然相手

農業は気候に左右されるところが大きく、せっかく順調に育てても、急な自然環境の変化で予定通りの収穫ができなくなってしまう。

今年の夏も４０℃に迫る高温が長期間続き、野菜やくだものの生育に大きな影響が出て、生産量の７０％も収穫できずに廃棄処分に回さざるを得ない農家が続出した。

以前は台風や長雨の影響が大きかったものだが、近年は真夏の酷暑による高温が生育に大きく影響しているとのことで、ここでも地球温暖化の影響が大きい。

低収入

農家の収入は元々低く、安定収入が見込めないとなれば、後継者は育たず農業を廃業せざるを得ない厳しい状況が続いている。

また、農業には各種農業用機械や肥料は必ず必要となり、これらのコストも決して小さくはない。

農作物の販売価格は、常に需要と供給の兼ね合いで決まり、最近の気候変動を直にくらってしまうリスクがある。

大規模農業化

高齢化と農業に従事する人口が減少するのに伴い、大規模農業を模索する動きが広がりつつある。

しかしながらこれを実現するためには、いくつかの条件をクリアしなければならない。

土地の集約化

日本は山間部が多く平地が少ないことから、大規模農業を実現するためには、土地の集約化が必要となる。これはお互いの利権が絡むことから、単純にはいかない。

技術の導入

農業用ロボットの開発やドローンの活用など、人手をかけずに仕事をこなす技術が必要となる。これらの技術開発はまだ発展途上にあり、コストが高く容易に導入できるまでには至っていない。

資金調達

いろいろな面でお金がかかるので、クラウドファンディングや各種補助金などを活用して必要な資金を準備しなければならない。

そのためには、農業の魅力と将来展望などを、ＳＮＳなど各種メディアを通じて積極的に外部発信するしかない。

法規制の緩和

現状のままでは各種制約があり、農業の大規模化は実現が難しい。その意味では現状の制約の緩和や撤廃も考慮し、スムーズに進められるような法規制の見直しが必要となろう。

環境保護

農業は自然相手なので、環境保護については常に配慮しなければならない。

特に大規模な農薬散布などによる環境破壊は避けなければならず、いかにして環境を保護しながら大規模化を進めるかが一大関心事になっている。

高齢ドライバーの交通事故

高齢ドライバーによる交通事故が多発している。信号無視、アクセルとブレーキの踏み間違い、道路の逆走、居眠り運転など、大きな交通事故につながり、死傷者も増加している。

これらを防ごうとさまざまな対策が講じられつつあるが、なかなか減らないのが現状だ。

高齢ドライバーの免許証更新

７０歳以上の高齢者には、高齢者講習、実車、適性検査などが義務付けられているが、そのうち７５歳以上には、記憶力に加え判断力を確認する「認知機能検査」が義務付けられている。

この認知機能検査で問題が発見された場合には、医師の診断または免許証返納が求められる。

ただしこの講習会でパスできない人はほとんどおらず、実際の交通事故を防ぐには、これらの講習会だけでは不十分だとされている。

交通事故防止の技術開発

ドライバーが人間である以上、何らかのヒューマンエラーは防ぎようがなく、事故はどうしても起こることを念頭に何らかの手段を講じる必要があろう。

そこで自動車メーカーが開発途上にある「事故防止システム」の導入だ。

障害物検知

前方の歩行者や車両を検知し衝突の恐れがある場合、自動でブレーキをかけるシステム

車両逸脱警報

車線を逸脱しそうになった場合警報を発する、または車線を超えないように自動でハンドル操作を補助する。

車間距離維持システム

高速道路や長距離運転の場合、自動で車間距離を維持するシステム。

自動警報システム

死角や後方からの車両との衝突を避けるために、自動で警報を発するシステム。

夜間支援システム

赤外線カメラを用いて、夜間の視認性を向上させ、人または動物との衝突を避ける。

これらはいずれも、車両のセンサー、カメラ、レーダーなどの技術を駆使して運転者をサポートするシステムだが、まだ発展途上にあり、すべて交通事故を未然に防ぐことはできない。

これからの車社会

今まで急発展を遂げてきた車産業も大きな転機を迎えている。

今までのガソリン車から電気自動車への転換だ。

それればかりではない。ＡＩを活用した自動運転システムの技術だ。

前者の電気自動車への移行だが、将来的にガソリンの基となる化石燃料などが必要なくなることから、従来の石油産油国であるサウジアラビアなどは大打撃となろう。

逆にこれらに代わり、世界の発電所が大きな注目を浴びることになるはずだ。

自動運転システム

次に自動運転システムの開発だ。すでに実用化も始まっているようだが、ＡＩ技術を活用することにより、現状の交通システムに従った自動運転が可能になることだ。

つまり、日常の車を活用しての移動は、すべてこのＡＩ技術の自動運転システムにより、いっさい人手を介さずに目的地に安全に移動できることだ。

つまり電気自動車に目的値を設定するだけで、すべて電気自動車が乗客を安全に目的地まで運んでくれる画期的なシステムなのだ。

これを利用することにより、乗客は車の運転にいっさい関わらず、車内で好き勝手なことをしていても、無事に目的地に到着できてしまう。

将来的にＡＩを活用した自動運転システムが本格的に実用化されれば、交通事故は皆無となり、人々の移動はスムーズにできるというわけだ。

そのためには、マイカー規制、タクシーやバス業界の協力、その他鉄道業界にも大きな影響が出るかもしれない。

人間の欲望の抑圧

現代の車の利便性に慣れ切った現代人には、この自動運転システムがよい効果をもたらすとは考えにくい。

というのは自分で好きな車を運転し、行きたい目的地まで移動できる「ドライブ」という楽しみがまったくなくなってしまうからである。単なる利便性と、甚大な交通事故による被害を回避できる安全な自動運転システムが、どこまで人々の理解を得られるかが問われよう。

ただし、この自動運転システムを前向きにとらえれば、目的地を設定するだけですべて自動で運転でき、かつ目的地に行くことができるので、時間の節約とその間に得られる何らかのアウトプットは、かなり大きいものだと思われる。

鉄道路線の廃線

地方の鉄道路線がまたひとつ廃線になった。その理由は利用者が少なく、とても維持するコストに見合わないとのことだ。

さて世界を見渡してみても、これほど鉄道網が発達している国は見当たらない。北海道や九州の片田舎でも、本数こそ少ないものの、今なお定期的に運行されている路線もある。これらの路線もそのうち廃線の憂き目を見るに違いない。

全国にはたくさんの鉄道ファンがいるが、鉄道は明治以来日本の成長とともに発達してきたので、これら廃線のニュースに落胆を余儀なくされる人が少なくないだろう。

地方の鉄道は、ほとんど学生の通学に使われ、朝夕は利用されるが日中は少なく、利用者ゼロの時もあるという。これでは採算がとれず、廃線は自然の成り行きだろう。

ましてや今後の少子高齢化を考えれば、全国の鉄道の廃線は加速されるに違いない。

地方としては廃線を受け入れるだけでは、野垂れ死にすることも考えられるので、いくつかの代替え手段も提案され、すでに実施されている自治体も少なくない。

バス路線

廃線区間をバス路線に変更し、定期的なバス輸送に変更する。利用者の数により停留所も増やせることから、鉄道よりも好評なところもある。

コミュニティバス

同じ方向に出かける人は、１台の車に乗り合わせることにより、コストを削減でき、目的地まで直接行くこともできる。バスも小型車が多く、地域住民の交流の場にもなっていて高齢者には好評だ。

自動運転シャトルバス

すでに実用段階に入っているが、運転手なしで循環できるバスが開発されている。センサーやカメラで障害物を認識し、安全に走行できる。観光地循環、大学内の移動、その他交通量の少ない路線などが対象。

ウオーキングトレイル

鉄道路線は自然豊かな場所を走っていたことから、廃線をウオーキングトレイルとして復活させ、自然観察と健康促進などを通じ、人々の交流の場として活用する。

山梨県甲州市勝沼では、廃線となったトンネルをリノベーションし、ワインの貯蔵庫として活用している。

トンネル内はワインの貯蔵に適した室温と湿度だそうで、全国各地から勝沼特産のワインを購入し、そのままこのトンネル内に貯蔵する人が増え、このトンネル廃墟跡の訪問者が絶えないという。

キャッシュレス社会の到来

便利になったキャッシュレス決済。現金を持ち歩かなくても支払いができてしまう便利さ。確かに良い面もあるが、デメリットも知っておくことも重要だ。

利用できないときの対策

コンビニ、スーパーマーケット、飲食店など多くの店舗でキャッシュレス決済が使えるようになってきたが、昔ながらのお店や商店街の店舗では使えないケースが少なくない。

もし使えないとわかったら、どうしようもないので、現金も用意しておく必要があろう。

キャッシュレス決済は、スマホが故障したりクレジットカードが破損したりすると、いっさい決済ができなくなってしまう。

また大きな災害時に停電などで電気が供給されなかったり、またスマホの充電切れも同様だ。この対策としては、モバイルバッテリーの保有は必須だ。

さらに決済サービスを提供する会社は、クレジットカードやアプリの決済履歴、所有者の氏名、住所、生年月日、暗証暗号などの個人情報を保有していることから、それらの漏洩リスクもある。

キャッスレスに対応するためには、専用アプリに登録したり、銀行口座を紐づけしたりする必要があるからなおさらだ。

高齢者やデジタル機器に慣れていない人にとっては、使い始めるにも時間がかかってしまう。

もっとも初期設定さえ完了すれば、その後は気軽に利用できるので、今やシニア世代の約半数がクレジットカード決済に移行しているとのことだ。

お金の使い過ぎ

お金の使い過ぎにも注意したい。キャッスレス決済は現金での支払いに比べ、お金を使った感覚が薄く、金銭感覚を失う可能性もある。

そこで重要なのは、利用状況の把握だ。そして利用できる金額の上限を月単位で決めたり、高価なものは現金支払いに切り替えるなどの対策が必要だろう。一方我が国のキャッシュレス決済の比率は諸外国に比べまだ３２％と、かなり低いのが現状だ。

ちなみに韓国は９５％と高く、その他イギリスは５７％。アメリカも４７％ほどだ。

一方現金による決済は、紙幣の印刷やＡＴＭの設置など、諸々のコストや人権費は膨大になってしまう。

無駄なコスト削減は国の最重要課題なので、キャッスレスの推進は正解だろう。

不正利用や詐欺

ネットショッピングで偽サイトに誘導され、クレジットカードの個人情報が盗まれるフィッシング詐欺に会う恐れがある。

またＩＤとパスワードを通販サイトなどで不正利用され、多額な請求が来ることも考えられる。

トラブルに見舞われたときは、速やかに最寄りの警察やカード会社に連絡し被害を最小限に食い止めることだ。海外では偽物のＱＲコードにスマホやクレジットカードなどを接触させ、電子マネーが抜きとられた事件も発生している。

キャッシュレス決済の違い

代表的なものはクレジットカードだ。ＰａｙＰａｙカードや楽天カードなどさまざまな種類があり、コンビニ、スーパー、ネットショッピング、公共料金の支払いなどに使える。ポイントを利用して買い物をしたり、海外渡航時に保険を利用するなどには最適だ。

デビットカードは、購入と同時に銀行口座から引き落とされる決済方法だ。クレジットカードのように審査がないために簡単に作ることができるが、分割払いやリボ払いができないために口座の残高以上は使えないことになっている。電子マネーは、スマホを端末にかざすだけで支払いができて、クレジットカードを紐づけておけば残高不足になる心配はない。

電子マネーがお勧めの人は、クレジットカードが発行できない子供や、日常的に交通機関を利用している人たちだ。

ＱＲコード決済は、スマホに専用アプリをダウンロードしておき、店舗のＱＲコードを読み取るか、スマホの専用端末で読みとらせるかで決済ができる。

スマホのアプリを使うために、スマホの充電切れや通信状況が悪いと読み取りがスムーズにできないデメリットもある。

現代物流問題

「２０２４年物流問題」とは、ドライバーの時間外労働が制限されることで、物流企業だけではなく、一般消費者にも及ぶ深刻な問題だ。具体的には、ドライバーの時間外労働時間の上限が年間９６０時間に制限されてしまう。

これにより、運送会社の利益減少、トラックドライバーの不足及び運送価格の高騰などが予測される。

この影響は、運送業者はもちろんそれを利用するメーカー、それに一般消費者まで及び、大きな社会問題になりはじめている。

法改正

時間外労働の原則は、年360時間に制限されていて、36協定を結んでも年720時間を順守しなければならない。

ただし、トラックやバス、タクシードライバーは、業務の特性上長時間になりやすい傾向があり、この規制は現実的ではなかった。

そこでこの規制の適用まで5年間の猶予期間が設けられていたが、その猶予期間が満了し、2024年4月1日から、この規制が適用されることになった。

ではこの法改正がどこまで影響が及ぶのだろうか?

まずは運送会社。ドライバーの稼働時間が長ければ多くの荷物を運搬でき、収益を上げられる。

そこに上限規制がかかると、利益は減少してしまうが、規制を無視すれば、それなりの罰則リスクを負うことになる。またドライバーは稼働時間が減少することで収入減となり、離職者が増加し、事業の継続に支障をきたすことにもなる。

荷主と一般消費者

ドライバーが不足しているにも関わらず、ＥＣサイトからの要求が増加傾向にあるので、輸送に関わる運賃の上昇は避けられないことになろう。

この場合運送会社は限界があり、荷主に運送コストを上乗せせざるを得なくなる。

また荷済み、荷下ろしを伴う大げさな荷物は、運送会社から輸送を断られるケースも出てくるだろう。

物流コストが上昇すれば、最終商品の価格に転嫁され、そのコストを一般消費者が負うことになる。

またドライバーの稼働時間が制限されると、翌日配達などのサービスも維持できなくなり、利便性の低下につながってしまう。

もし人手不足で荷物が運べなくなってしまった場合、メーカーなどでは部品が入手できず、製品そのものが作れなくなってしまうことも考えられる。

ドライバーの待遇改善

この２０２４年問題と並行して、ドライバーの低賃金、過酷な労働環境などが引き金になり、それに伴う人手不足と運送費の高騰があらためて浮き彫りになった。

したがって、ドライバーの労働環境改善と、業務効率化による生産性の向上、それにITやDXの推進などを積極的に進めるしか手はないだろう。

現在トラックドライバーの平均年収は、全産業の平均にくらべ20％も低いとされていて、基本給の引き上げや賞与の支給などにより、平均年収を底上げするのは待ったなしといってよい。

その他終業から翌日の始業までの間に、一定時間の休息を設けることにより、生活時間や十分な睡眠時間を確保することによる、心の健康環境も必要不可欠だ。

このように給与や福利厚生を見直すことで、労働環境を見直し、ドライバーの人材確保を急がねばならない。

業務効率化

人材確保を図ると同時に、少ないドライバーでも業務効率化を進め、生産性を高める努力も必要だ。

例えば事前にドライバーの走行状況を把握し、荷主からのオーダーに合わせた効率的な配送計画を立てれば従来の配送時間の大幅な削減が可能となるだろう。

時には高速道路を使うルートに変更することが必要になるかもしれない。

また複数のドライバーで長距離輸送を分担し、中経輸送を取り入れる手法もすでに行われている。

自動配車支援システム

効率的な配送計画を立てるときに、荷主からの受注情報をもとに、荷物のピッキング、積み込み、配車、配送ルート、ドライバーの割り当てなどの段取りを行う。

この場合、当該トラックに掲載可能な荷物量、配送ルートの土地勘、それぞれの作業にかかる所要時間など、諸々の情報とノウハウが必要となるだろう。

また車載端末のＧＰＳ機能を用いて、車両の位置や運行状況を把握することにより、トラックの現在地や荷物の状況などをリアルタイムに把握でき、遠隔から配送ルートの変更も指示できる。

車両運行管理システム

このシステムの導入により、日々の運行実績、日報作成、運賃計算、請求書の処理など、車両運行に伴う事務処理作業が各段に軽減できてしまう。

これによりドライバーは荷物の運送に集中でき、かつ蓄積されたデータを分析することにより、経営判断に生かすことも可能となる。

またＩＴを活用した点呼システムは、テレビ電話や専用機器を活用して、遠隔であっても疑似対面ができるので、点呼のためにわざわざ営業所に立ち寄る必要性もないという。

さらにドライバーの始業前のアルコールチェックにしても、スマホと連携できるチェッカーが開発されていて、顔認証で本人確認後、すぐ測定でき本部に送信できるという進んだ機器もある。

観光立国日本の今後は？

コロナ禍が明け、世界中の人々の行き来が活発化し、我が国にもたくさんの観光客が押し寄せるようになり、年間の観光客数もコロナ禍前の人数を超え、３０００万にも迫る勢いである。

訪問先の変化

観光客の訪問地が変わりはじめている。京都・奈良、東京、大阪、広島、北海道、沖縄などの代表的な観光地は今でも人気だが、これ以外のあまり知られていない地方に足を運ぶ観光客が増えている。

例えば歴史的な街並みや、和食の文化が楽しめる金沢市やアルプスの玄関口として登山や温泉、それに由緒ある城が楽しめる松本市など。

また日本の田舎のさまざまな農業や伝統的な生活プログラムを体験したり、岐阜の白川郷や奈良の山里の風景なども人気スポットとして注目され始めている。

さらに東京ディズニーランドやユニバーサルスタジオジャパンなどのテーマパークへも外人が押し寄せている。

発信元

現代のように、世界の人々の交流が各段に進んできた背景には、ＳＮＳによる情報発信の効果が大きい。

ちなみに日本の地方自治体でも、積極的に外部の顧客を呼び込むために、ＨＰやＳＮＳ

を駆使し、積極的にアピールしていることもあり、観光客の誘致に成功している。

これだけ内外を問わず人々の交流が活発化してくると、ありきたりの観光地では物足りず、今まで行ったことがないところへ行きたくなるのは当然の流れであろう。

また訪問先に行くだけではなく、その地の暮らしを体験するツアーなども人気だそうで、今後益々注目されるに違いない。

例えば東北の片田舎で、薪割りをしたり、それを使って五右衛門風呂を沸かしたり、野菜や果物畑に行き収穫を手伝うツアーなどは、すでに多くの外国人に人気だという。

これらは外国人にとどまらず、日本の若者もあまり経験がないことから、益々ツアー客が押し寄せるに違いない。

さらに「座禅」も海外から注目されている。座禅は心を静め、ストレスを軽減する効果があるとされ、何かとストレスの多い現代社会に生きる人々にとっては、まさに座禅が最適というわけだ。

自分自身と向き合い深い洞察ができ、また特別な道具も必要なく、だれでもどこでも気軽にできることから、宗教や文化の枠を超えて広がりを見せている。

観光客のマナー

日本は諸外国の観光客に親切で寛大なところがあるが、最近の海外からの観光客のマナーは度を越えている。

かって日本人も大挙して諸外国へ押しかけ、「旅の恥は掛け捨て」的なところがあって、諸外国から悪評を買ったものだが、今同じような現象が外国人の行動に現れているのだ。

例えば京都の街中での「進入禁止」の注意喚起の看板だ。諸外国の観光客が興味本位で狭い路地などに侵入し、勝手に写真を撮ったり、ゴミを投げ捨てたりして、近隣住民の不評を買っていることから、やむなく立て看板が設置された。

世の中が成熟し、日本から外国へ出かける人も、また諸外国から日本へ来る人も飛躍的に増えている時代を迎え、海外旅行の在り方を根本的に考え直す時期にきているのではないか。

まずはどこの国においても、法的な内容を含めたさまざまなルールがあり、それらの順守は当然なことだ。

前述の注意喚起の看板も、近隣住民からしたら、現状を見過ごすことができずの苦肉の対策なのだ。つまり、度を超えた観光客による行為に対しては、住民にとっては我慢の限界を超えていて、何らかの処罰を望むのも当然の成り行きだ。

住民の気持ち

どこの観光地にも、昔からそこに住んでいる住民がいる。

京都市の住民の中で、観光客に悩まされ、長年住み慣れた京都を引き払い、他の地域に移住する人が出てきている。

まさに本末転倒であり、こんなことが許されてよいはずはない。

観光客で潤う商売をしている人にとっては、観光客の増加は大歓迎かもしれないが、それ以外の人にとっては、大きな迷惑なのである。

観光シーズンには、いつものスーパーにまともに買い物にも出られない住民も少なくなく、観光地の在り方を根本から見直す時期が来ているのだ。

有名観光地への入場制限、予約制、高額な入場料など、何らかの制限を設けないと、観光地の環境悪化はますます進んでしまう。

先日富士山5合目の登山口では、無謀な登山を防止するための入場制限措置がとられ始めたが、これは全国の有名観光地にも当てはまるはずだ。

住都公団が見直されている

最近の若者の間で、住都公団の団地が見直され、入居を希望する人も出始めている。

戦後の日本における人口の急増や都会への集団就職で、首都圏や大都市の郊外に、大量の住宅供給が必要となり、住都公団（現在のＵＲ都市機構）により、全国に団地が作られた。

住都公団は元々全国の都市部の郊外に広大な土地を所有していて、その需要に応えるべく大規模な団地が次々と建設された。

本団地は、単なる住宅供給だけにとどまらず、住環境も重視していたので、団地内には大きな公園や、学校、商店街など日常生活に必要な施設が設けられ、快適な団地が次々と作られていった。

中には最寄り駅からやや遠いところもあったが、駅から団地までの循環バスも設けられ、都市部に通勤するサラリーマンにとっては、理想的な住環境が整備された。

当時は入居を希望する人が多数いて、ほとんどの団地は抽選だった。

国が主体

もともとこの住都公団は国が運営しており、戦後の社会福祉政策の一環とし、すべての国民に適切な住環境を提供することが目的だったので、民間の住宅提供会社と違い、質と価格で大きな差が生じていた。

というのは、大規模団地の建設は、仕様も類似にでき、かつ必要な資材も大量に仕入れられることから、大幅にコストダウンが可能だったからだ。

抜群な住環境とメンテナンス

もともと住都公団が所有していた土地を活用しているので、当初の住環境が維持されていて、狭い土地に周りを気にしながら住宅を建設しなければならない民間の住宅メーカーとは段違いだったのである。

部屋から外を眺めても、広い敷地のために大きな障害物はなく、公園、緑道、歩道、広場などが程よく配置され、住環境は申し分ないところが大半だった。一方団地の維持管理については最も重要視され、定期的にメンテナンスが実施されているので、建物の劣化はかなり防げている。また防災面の配慮もしっかりとなされていて、耐久性の高い建材の使用や、緊急時の避難経路の確保や地震・火災などの災害に対する備えも十分なされてきた。

スマートシティ

この団地も高齢化が進み、さまざまな対策がなされつつあるようだ。代表的な事例として、団地内に自転車インフラを整備し、気軽に近くに出かけられる仕組みを作る。すでに小型の電気自動車を用意し、広大な団地内を移動できるようにしたり、また年配者と若者の交流の場を用意し、お互いに助け合っているところもある。これらにより、若者が一人暮らしの老人の見守り役も兼ねることができ、孤独死の歯止めにもなっている。

不足なところもあり

ただしいくつかの不足な点もある。当時エレベーターが設置されていないところもあり、年寄りにとっては生活できない恐れもある。また間取りも古く、若者には合わないことも考えられる。またほとんど同じ仕様なので選択の幅が限られており、面白みがないことも弱いところだ。

さらに設備の老朽化は避けられず、古い設備の更新は必須だろう。

今後の少子高齢化社会では、新たな大規模の団地など必要とされず、快適な住環境を維持しながら、いかに既存の建築物をメンテナンスし、快適に暮らすかが求められている。

住宅に対する価値観

当時としては最適な住宅を国民に提供してきた住都公団だったが、時を経た今、その受け取り方は人それぞれ異なってきている。すべてを満たした住宅は、潤沢な資金があれば可能だが、そうでなければ自ら何を重要視して、求める住宅を選択するかだろう。静かな環境、商業施設の充実、通勤のしやすさ、学校や幼稚園の近さ、近隣駅との距離、バス便の頻度など、自身の価値観に見合ったところを選択することになろう。

今後の農業

１９９０年あたりから急激に農業従事者が減少している。その理由としては、高齢化、後継者不足、収益性、労働の過酷さなど、さまざまな悪条件が重なった結果とされている。大きな要因としては、戦後の高度経済成長時代に、メーカーを中心とする工業社会が進展し、多くの若者が地方から都会へ、あるいは工業地帯へと移動したのが始まりだとされている。

現在農業分野の従事者の平均年齢が60歳後半とされ、後継者も見つからず、廃業せざるを得ない農家が続出している。いくつかの原因として

収益性

個人の農家は年収200万〜400万ほどで、法人としても300万〜500万にしかならないほどだ。

北海道のように広大な農地をうまく活用すれば、年収1000万も実現可能だが、それだけ稼ぐためにはさまざまな経費がかかる。人件費はいうまでもなく、農業用機械をはじめ、諸々の材料費だ。農業用トラクター、耕運機、燃料費、消毒薬や肥料代、その他工具など、一口に農業といってもとてもお金がかかる産業である。

労働条件

一日のうち、サラリーマンのように時間が来たら終了というわけには行かない。農業は

天候に左右される場合がほとんどで、カラッとした晴天など天候に恵まれているときには、時間など気にせず働かなければならない。

例えば果樹園などでは収穫時期が限定され、季節ごとに各々の作業の実施時期が自ずと制限されてしまうので、作業はきつくなる。

不規則な労働時間の建設業が若者に敬遠されているが、この農業でも同じで、後継者が育たない大きな要因なのである。

果物や野菜を速成栽培するための「ビニールハウス」も各地にみられるが、これにもさまざまなコストがかかるので、収穫物がそれに見合った金額でないと、大損してしまう。

コストとしては、まずはハウスの建設費用だがこればかりではない。ハウス内を常時適温に維持するための燃料費、また積雪などでハウスが倒壊することも考えられ、その対策費用もばかにならない。

ということから、せっかくのビニールハウス農業から撤退する農家も最近増えている。

自然相手

農業は自然相手だけに、出来栄えが天候に左右されるリスクが大きい。

特に最近の高温異常が農作物の出来栄えに大きく影響し、予想をはるかに下回る収穫しかできない年が続いている。

さらに風水害により農作物が全滅に近い年もあり、いかに農業で安定した収入を得るのが難しいかがわかる。

一方地域により収穫物の出来栄えが異なるのも大きな特徴で、天候に恵まれなかった地域もあれば、ほとんど影響を受けなかったところもあり、地域間格差が大きいのも農業の特徴だ。

農業用ロボットの開発

これだけ農業人口が減少している現状を考えれば、いかに人手に頼らずに効率よく収穫できるかが必須アイテムではないだろうか。

例えば野菜や果樹の収穫ロボットは、センサーで成熟度を判定し、収穫できる技術であるが、その前に自動で種を植え付けられるロボットもある。

またＡＩや画像認識で雑草を認識し、自動で除草するものも開発されていて、これにより除草剤の使用を減らし、環境負荷を軽減できるものもある。

さらにドローンの活用により、人手に頼らず広範囲かつ短時間で農薬や肥料の散布ができ、今後の農業革命のひとつのモデルになりつつある。

またＧＰＳや自動運転技術を利用すると、トラクターや耕運機が無人で運転可能で人手を大幅に削減できる。

6次産業化

従来の生産（1次産業）、加工（2次産業）、販売サービス（3次産業）をすべて行う「6次産業」が注目されている。これにより農業の付加価値を高め地域経済の発展が期待できるからである。

この中心的な存在が現在の「農協」だが、この農協が生産者に有利な立ち位置にあるために、農協が搾取しているともいわれている。

例えば生産者から農作物を仕入れる場合、価格設定が不透明だったり、不利な条件で取引が行われることがあり、生産者が適正な価格で販売できずに、利益を圧迫されることがある。

これらを回避するためには、市場の情報共有と適正な価格設定、それに双方の合意に基づいた利益配分などが適正に行われる必要があり、それで初めて本来の農協の役割と価値があるのだ。

現在農業分野における農協の存在価値が大きいだけに、農協の大改革が期待されている。

農業の魅力発信

食料自給率が年々下降傾向にある中で、根本的に農業が見直されてもよい時期に来ているように思う。

自然相手で健康的な暮らしができることはもちろん、自分が育てた収穫物を食べられるのは、何にも代えがたいものだと思う。

しかしながら農作業の機械化や新たな技術の開発・導入、収益の確保など、まだまだ課題も多く、これからの食料自給率を考えれば、国が主導して取り組むべき優先課題だろう。

ダイナミックプライシング

最近にわかに脚光を浴びつつあるのが、需要と供給に応じて価格を上下変動する考えだ。

元々この考えはあったが、露骨に実行すると「利益のみ追及か？」と疑われ、顧客には評判がよくなかった。

2~3年前から顕著になったのが、ホテルの価格設定だ。リゾートホテルに関しては元々ホテルの格付けがあり、それなりの価格の開きがあったが、ビジネスホテルに関しては、全国的にもそれほど差がなかったが、ここへきて最近の海外からの観光客の大幅な増加により、かなりの差が生じている。

航空業界

一番の活用事例としては、航空会社だろう。

搭乗日から何日前に予約するかで、割引率が異なり、75日前、55日前、45日前、28日前、21日前までの5段階で購入可能だ。割引率はANAで最大85%、JALでも87%の割引が適用される。

これらの航空会社では、ダイナミックプライシングにより需要予測を行い、航空券の価格を柔軟に設定し利益の最大化を図っている。

新幹線やアクアライン

もともと新幹線はその利用目的により、グリーン車、のぞみ、ひかりなど、それに指定席、自由席などの区分により料金が設定されているが、繁忙期や閑散期に応じて、その利用料金を上下することも最近増えている。

一番の目的は利益追求だが、繁忙期の混雑緩和の意図もある。

例えば５月の連休初日や最終日の料金を、通常料金の１０〜３０％増しにし、逆に平日の午前中の便を値下げする考え方だ。

こうすることにより、高い料金を払ってまで混みあっている新幹線に乗ろうとする人が少なくなることが考えられ、新幹線全体としての混雑が緩和できるだろう。

家族が多い場合の移動となれば、日程をずらすことにより、割増しになるか割引になるかが決まり、それなりのメリットはあると思う。

また「東京アクアライン」でも、通常は小型車、普通車、大型車などにより利用料金が異なるが、ＥＴＣを利用することにより７０％を超える大幅な割引が設定されている。

また土日祝日の時間帯により、上り線（木更津→川崎）の料金設定が異なるダイナミックプライシングも実施されている。

駐車場とレンタカー

目的地に近い駐車場ほど何かと便利のため混雑する。そこで近くて便利な駐車場の料金を上げ、やや遠いところの料金は据え置き、収益向上を図る。多少目的地から遠くても構わない人は、割増料金なしの駐車場を使う。

また日本ではレンタカーの料金はあまり差はないが、海外では季節によりかなり変動する。

特に大きなイベントの開催時には、レンタル料金が跳ね上がり、これはイベントへの参加者の人数をあらかじめ予測して料金設定するためだ。

スーパーの生鮮食料品

スーパーの値下げ食品でおなじみだが、鮮度が命の生鮮食料品などは、売れ残ればほとんど廃棄処分されてしまうので、頃合いを見ながら値下げされる。それらを狙って買いに来る客も多く、ここでもダイナミックプライシングが活用されている。

ＡＩ活用の決断

今までのダイナミックプライシングの設定は、過去の実績や経験値に基づき設定されてきた。

それにより一定の成果を上げてきてはいるが、今後はやはりＡＩの活用だろう。今までの多くの経験値や大量のデータを、ＡＩを活用することにより、より確度の高い設定をすることが十分可能だ。

ただしあまりこれにこだわり過ぎると、逆に今までの顧客を失いかねない。

失敗事例として、「アマゾンの価格設定」がある。ＡＩのデータを活用し、同じ商品を短時間のうちに大幅に値上げを行った結果、消費者の不満を買い、大きなクレームにつながってしまった。

もう一つの失敗例は、あるスポーツイベントで、人気試合の入場料を大幅に引き上げた結果、スタジアムに空席が目立ち、結局引き上げは間違っていたという結論に至った。

いずれもビッグデータのＡＩによる解析結果を、そのまま活用したことが大きな原因と判明した。

これからわかるように、ＡＩの分析結果や推奨案は、あくまでも「提案例」に過ぎず、これらを参考にしながら、あくまでも最終的な実行は、人間がする必要があるのだ。

ごみ処理問題

最近駅の構内や公共の施設内でゴミ箱がずいぶん少なくなったと思う。すでにすべて撤去されまったくないところも増えてきた。この撤去の理由としてはテロ対策とコロナウイルス以降のマスクポイ捨てによる感染対策が大きいとのこと。

それ以前に、家庭内のごみをポイ捨てする人も多く、結局それが一番らしい。日本では公共の場所へのゴミのポイ捨ては法律で禁止されていて、「軽犯罪法」や「廃棄物処理法」で罰せられることになっている。

欧州では環境に対する意識がもともと高く、特にドイツでは日本よりもごみのポイ捨ては厳しく制限されている。

私も欧州を旅した時、隣国のオーストリアから国境を越えてドイツに入った途端、ゴミひとつない風景が広がっていて、その差に驚かされた経験がある。

それにしても今ゴミ問題が世界的に大きなテーマとなっていて、地球環境保護の観点からは、世界が同じレベルで取り組む必要があるのではないか。

プラスチック

プラスチックはいろいろな面で利用価値が高く、手軽で軽くて便利なので広く人々に使われてきた。

ところがプラスチック廃棄物が微生物により分解されることもなく、そのまま残ってしまうことから、大きな地球環境悪化の原因とされ、世界が協力して削減することになっている。

例えばプラスチックを粉砕して再生材料にするとか、化学的に分解して原料のモノマーや油分などに戻す方法もある。

また焼却してエネルギーを回収する方法もあるが、ダイオキシンなどの有害物質が発生することも考えられ、環境への汚染も懸念される。さらにリサイクルや焼却が困難な場合は、最終的には埋め立て処分となるが、処分地が少ない現状では、埋め立て量を最小限に抑えることも重要だ。

一方生分解性であるトウモロコシやジャガイモなどを原料に、プラスチックを生産する「バイオプラスチック」というものもあるが、原料の供給が自然に左右されやすく多くは期待できない。

電子廃棄物

最近増えているのが、パソコン、スマートフォン、テレビなどの電子機器だろう。これらには鉛、カドミウム、水銀などの有害物質が含まれていて、これらの不法投棄は大気や水質汚染の原因となっている。

時々人里離れた山奥にこれらの電子機器が大量に廃棄されていたというニュースが報道されたりするが、これらの不法投棄に関わった者は厳罰な処分が下されて当然だろう。

医療廃棄物

病院や医療施設からの注射針、血液バッグや手術用具などの医療廃棄物は感染リスクが高いので、焼却処理や高温高圧蒸気による滅菌など。特別な処理が必要とされている。これらの処理が不十分で感染症が拡大したら大事になってしまう。

化学廃棄物

工場などから廃棄される化学廃棄物は、酸やアルカリなどで中和することにより毒性を軽減することができる。また物理的に分離、濃縮などにより液体を固化してしまうやり方もある。

放射性廃棄物

福島原子力発電所で明らかのように、原子力施設から排出される放射性廃棄物は、高いリスクと長期間の保管管理が必要となる。

特に最終処分場については、なかなか候補地が決まらず悩みの種だが、放射性廃棄物処理の適切性や安全性をしっかりと説明し、地元の理解を得る努力が必要であろう。

リサイクルの限界

何らかの廃棄物が生じたとしても、リサイクル技術の発展で、廃棄物量を減らすことが期待できる。

とはいっても、そこにはおのずと限界があり、それらの克服は容易ではない。

例えばリサイクルにより品質が劣化し、再生できないことや、リサイクル材料に汚染物質が含まれていたり、さらにリサイクルそのもののコストが新規製品のそれよりも高額な場合は、リサイクルそのものが成り立たなくなってしまう。これからの廃棄物の削減は、製品の設計段階から廃棄までのライフサイクルにおいて、いかに廃棄物を出さないかの技術的なアプローチを徹底する必要があるだろう。

また消費者の協力、廃棄物に対する意識改革及び自然環境保護への取り組み、行政による監視や罰則強化、などの複合的な取り組みが不可欠に違いない。

成熟化した生活スタイル

１９７０年代のオイルショックと数年前のコロナウイルスによるパンデミックのような大きな出来事があったにも関わらず、日々の暮らしにそんなに差はなく、年金制度もそれなりに充実してきている。

しかしながら、ここへきて人々の「生活スタイル」がかなり違ってきているように思う。コロナウイルスでリモートワークがかなり定着し、コロナが収まった後でも、そのままリモートワークを継続しているところが出てきている。

今までの、同じ場所で顔を合わせて仕事をするという従来の働くスタイルがかなり崩れてきているが、もともとこのスタイルは長年習慣化してきただけで、強制されるものではない。

特に最近の組織の業績評価は、アウトプットが重要視され、勤務形態には固執しないところが増えているのでなおさらだ。

またリモートと会社の勤務を組み合わせ、効率を重視した「ハイブリッド勤務」を認めるところもあり、会社での業務一辺倒はかなり少なくなっている。

もしオフィスでの対面が必要な場合は、あらかじめ日時を設定しておくことで十分可能であり、そこでは対面でしかできないことを集中してやることにより、全体の業務の効率化を図れるメリットもある。

テクノロジーの活用

一方、ＡＩや機会学習を活用することにより、業務の効率化や進め方を各段に進めることができ、アウトプットも期待できる。

例えばＡＩがプロジェクトのスケジュールを分析し、リソースの最適化や遅延のリスクを予測する。

また大量のデータからパターンを認識し、異常検知や顧客の行動分析などを行ったり、

ＡＩを用いたチャットポットが顧客からの質問に２４時間対応し、よくある質問や疑問に応えるところもある。

さらにメーカーであれば、生産機械の状況をセンサーとＡＩで自動監視し、故障の予兆を検知しつつメンテナンスの時期を予測することもできる。

私もこれらのＡＩによる対応を経験したことがあるが、実際にはまだまだ物足りない点も多く、今後のさらなる改善が必要だと思う。

環境への配慮と社会貢献

今後の組織は、利益追求のみにとどまらず、地球環境保護や社会貢献活動が必須アイテムになるだろう。というのは、企業活動は社会と一体化しており、これらは必須事項となりつつあるからだ。

例えば我が国では、積水化学、武田薬品、花王、パナソニック、トヨタ自動車などが環境保護活動に熱心で、さらに最近ではそれを超えた、ＳＤＧｓ活動にも取り組む企業が増えている。

実は最近これらが日本だけではなく、世界中で取り組み始めたことを考えると、世界が社会貢献活動に軸足を移し始めた証拠かもしれない。

価値観の多様化

日本も少子高齢化により、働き手を諸外国の人に頼らざるを得ないのが直近に迫っている。となれば、今までの日本の価値観だけでは済まされない時代が確実にやってくる。それを解決するためには、日本の価値観をベースに、それを超えた諸外国の人にも通じる価値観の多様化を図る必要があろう。

時には諸外国の人に刺激を受け、従来の仕事の進め方の見直しを迫られるかもしれない。逆に日本のよいところを積極的に諸外国の人々に伝授することで、仕事と人間関係の双方の良好な関係を維持でき、日本の将来はきっとよくなるだろう。

社会インフラの老朽化

数年おきに大型台風による強風や豪雨により、あるいは最近頻発し始めた地震などにより、社会インフラが破壊され、甚大な被害が発生している。

道路、橋、鉄道、港湾施設、大型施設などは５０年が寿命といわれているが、予算や技術者の不足でその更新が思うように進展せず、大きな災害の基になっているのだ。一度災害が起こってしまえば甚大な被害につながってしまうことは、すでに何度も経験済みなことから、現在は災害が起こる前に対策をする「予防保全」の考え方が主流になっている。

現在の道路、橋、トンネル、上下水道、送電線、ダム、空港、病院、公営住宅、官庁施設などの主なインフラは、高度経済成長に伴い建設された。

しかしながらこれらのインフラの維持管理には、多額な費用がかかるため、思うように進展せず、大きな災害を誘発する結果となっている。

２０１７年７月に発生した西日本豪雨で、広島県砂防ダムが決壊し、多くの死者を出した。砂防ダムの壁は幅５０メートルにも及びそのすべてが消失するという大惨事だった。なんとこのダムは１９４７年に石積みで作られたもので、すでに７５年以上が経過していた。そのため、コンクリート製に置き換えるために、２０２０年の完成を目標に進められていた矢先のことだった。

２０２１年６月にも和歌山市の「紀の川」にかかる水道橋の腐食による崩落事故が発生し、周辺地域は１週間以上断水となってしまった。

とりあえず仮設で対応したが、全面復旧まで８カ月もかかってしまった。

さらに２０２４年１月に、東北・上越・北陸新幹線で架線が破断する事故が発生し約１２万人の旅客輸送に影響が生じた。

破断した部品を調査すると、半数が取り換え基準の３０年を超えていたとのことだった。

直面する課題

社会インフラの維持管理には膨大な財源がかかるが、１９９３年の１１．５兆円をピークに減少に転じ、現在では半分ほどになってしまった。

その理由としては、少子高齢化や人口減少が考えられ、あまり利用しない施設まで対応する必要性がないのではとの判断のようだ。

もう一つは、その管理を担う地方自治体での技術系職員が減少していることだという。

実際の作業に当たるそれら職員が不足している現状では、維持管理は不十分となりインフラの老朽化は避けられない。

あらためて全国の市町村の実態を調査したところ、技術系職員が５名以下の市町村が５０％を超えている現実がある。

予防保全

何事もそうだが、事故が発生してからの事後保全は復旧までに時間を要し、かつ多額の費用がかかる。

そこでそれを避けるために、事前に対策する「予防保全」が主流になってきている。

国交省によりインフラのライフサイクル延長を目的とした「インフラ長寿化計画」がまとめられ、そこではインフラの多目的利用を推進することで、自治体の財源以外の民間からの投資を呼び込む仕組みづくりも行われつつある。

また「インフラDX総合推進室」を発足させ、国交省、研究所、地方整備局などが連携して新技術の開発・導入、人材育成なども行われている。

インフラ劣化診断

ドローンやAIによる画像診断は近年飛躍的に技術が向上し、インフラ更新が必要かどうかの最も有効なツールになっている。

高所や危険個所など人が近づけない場所でも、ドローンなら安全に点検できてしまう。

これにより、電柱、鉄塔、トンネル、高層物の外壁などの点検労力を補うことができ、かつ足場を組む必要がないなど、コスト削減にも大いに貢献している。

また監視カメラシステムは、定点で映像をライブで確認・記録でき、長期間の変化や劣化を発見できることで欠かせないインフラ監視システムとなっている。特に電力、鉄道及び水道などのインフラは、広域なので、それらを総合的に一元管理できるこのシステムは欠かせないツールとなるだろう。

地域間連携

「地域インフラ群再生戦略マネジメント」が注目されている。

これは自治体が連携してインフラの維持管理をする手法だ。

例えば多くの道路、河川、橋などは複数の県や自治体にまたがり布設されている場合が多く見られる。

例えばこの戦略によれば、ひとつの道路を「道路」というひとつの群でとらえ、県や自治体の壁を取り払い同じ管理者が管理すれば、無駄な２重管理をする必要がなく、効率的に維持管理ができてしまうというわけだ。

少子高齢化により過疎化が進む地方においては、一人当たりのインフラ維持費が高くなることから、思い切ったインフラの維持管理のアイデアが必要なのだ。

お粗末な語学力

日本人は昔から英語が苦手な人が多く、大人になっても一向に上達しない人が大半なのが実態だ。

伸びない要因

まずは文科省による教育体系がある。最近でこそ会話や発音が重要視されるようになったが、昔は発音よりも文法やつづりに重点が置かれ、会話がすぐできるようなやり方ではなかった。

また教師も日本人のみで、英語の発音もネイティブに程遠く、本場の英語をほとんど体験できなかったのが大きいと思う。そのため受験では高い点数がとれたとしても、実際のコミュニケーションとなるとさっぱりだという人が少なくない。

ところで英語は日本語と違い、文法や語順、それに発音などが大きく違っている。

例えば日本語は主語―目的語―動詞の順番だが、英語では主語―動詞―目的語となる。また英語には、ＲとＬの違いなど日本語にない発音の違いがあり、これらが発音の難しさにつながっている。

また日本は単一民族なところがまだまだ根強く、普段周囲には外人がほとんど見当たらない環境なので、会話をする機会が少なく、これも伸びない原因だと思われる。

英語を上達させるには？

まずは本場の英語とはどういうものなのか？

体験から始めたらよい。お金をかけて外国に出かけるのも一つの手だが、それはある程度語学力を身に着けてからでよい。

最近の英会話教室には外人の講師が多数在籍しているところもあり、直接ネイティブの会話ができるというから、語学の習得にはよい環境が整いつつある。いくら読み書きができても、外人と会話ができなければ語学を習得したとはいえない。

日本でも、楽天、ユニクロ、日産自動車などは社員の日常会話に英語を義務付けていて、これからの企業としては見習う点も多いと思われる。

日本も国際化の波に乗り遅れないためにも、諸外国の人と自由に会話ができ、ビジネスを展開する環境の構築が益々必要となるだろう。

テレビでよくみられるのは、来日間もない外人が日本語をそれなりに使いこなしているのは驚きだ。

おそらく日本人に囲まれ、日本語のシャワーを毎日浴びているからだろう。

だったら英会話でも同じ環境を作ればよいはずだ。

国の役割

日本は昔から貿易をはじめ諸外国との付き合いが多いにも関わらず、自由に英会話ができない人が少なくない。

この件については元々の文科省の方針や考え方に、国際化の進展という考え方が欠けていたのではないのか。

語学力は幼いころから自然と身に着けるようにするために、小学校の教員に外人を採用し、抵抗なく日常会話ができるようにするのが上達の近道だ。

文科省でもやっと重い腰を上げ、小学校の低学年から英語教育を取り入れたようだが、まずは英会話を優先すべきだろう。「読み」「書き」はその後でも構わない。

私の友人にも英会話の達人がいるが、彼は暇さえあればＮＨＫラジオの「ラジオ会話」を、両親の気遣いもあって幼いころから聞いていたそうだ。

羞恥心は捨てる

語学習得のネックになっているのが、なかなか言葉が出てこない、あるいは語りかけても相手に通じないのではないか、との消極的な態度なのだ。

あらためて韓国人や中国人の英会話を聞いてみるとよい。

日本と似たり寄ったりで、ネイティブの発音と程遠いのがわかる。ただし彼らは、自分の伝えたいことをはっきりと口に出し、堂々と渡り合っている。

日本人が母国語でもない英会話にたどたどしいのは当たり前のことだ。

逆にいえば外人も日本語が下手な人が数多くいる。

ということから、多少発音や言い回しが悪くても、相手に伝えたい熱意があれば、伝わってしまうものなのだ。

少子化で新人が採れない

北関東の電子部品メーカーM社。従業員は２００人ほどだが、今年も少子高齢化の影響で新入社員が３名しか採用できなかった。

元々内定は４名だったが、入社式当日新人の１人が来ず、結局３人だけとなってしまった。

が、採用担当の総務部Eさんは、それほど落ち込んではいない。

というのは、本当に戦力となるのは新人の数ではなく、質だと知っているからだ。

どこの企業も最近の少子化で、新人をスムーズに採るのに大変な苦労をしているという。

関西のKサービス業でも、内定を出した新人の１／３ほどが、他の企業に流れてしまったそうだ。

その理由として、福利厚生の内容が他の企業にくらべ見劣りしていたという。別の辞退者は、元々他の企業との競合で、より高い給与の企業に流れてしまったらしい。

最近の新人は、何も考えずに給与の差で容易に決めてしまう傾向が強いという。気持ちがドライすぎて話にならないが、M社の総務部は慌てることはない。

というのは、M社に一度入社したら、ほかの企業に移ろうとする新人は、ここ12年ほど皆無だからだ。

M社は大きな会社ではないので、大きく分けて3つの部門になる。

すなわち、技術、製造、総務の部門だ、
採用された新人は、2年間この3部門を自由に行き来できる。

気に入った仕事であれば長くいてもよいし、自分には合わないと考えれば、ほかに移ってもよい。

ただし部門を代わるときは当該部門長にその理由を申告するのがルールだ。

理由により、当該部門が気付かない点の発掘にもなる。

ある新人は総務部門で、今の時代にどうしてこんなに書類が多いのかとの申し出があった。

別の新人は製造部門で、その手際よいやり方に感激させられたが、ある疑問点を担当者に尋ねたところ、その説明がさっぱりわからなかったという。

このように新人の感想や申し出により、改善点が見つかることも少なくなく、この2年間の職場研修は成功している。

プロに育てる

2年の研修を終えると、自分が一番やりたい仕事がある部門へ配属される。

小さな会社なので3部門を経験することにより、会社全体としてどのような仕事がどこで行われているのかが呑み込めてしまう。

大きな会社だと部門が多いせいもあってか、定年まで他部門の仕事の内容を知らなかったという人が少なからずいるものだ。

配属が決まったら、徹底的にその部門のプロになれるよう育成がスタートする。本人の希望も含め「育成スケジュール」が決まる。

このスケジュールは本人の育成度合いを考慮しながら臨機応変に変更してもかまわない。

スケジュールの見直し結果は、予定の前倒しが大半で、新人の早期育成に成功している。

コミュニケーション力

新人育成の中で重要視している点がコミュニケーション力の強化だ。

何事も相手とのコミュニケーションを通じて進められるので、これが弱いと仕事が思うように進まず、仕事の成果に直接影響してしまう。

コミュニケーションで重要なのは、常に「相手の気持ちを読む」というのが基本的な考えだという。

これは創業者の考えでもあるのだが、M社の社員で顧客とのトラブルになった例はいまだかってないとのこと。

この強化の一環として定期的な上司との面談があるが、時には「ノミュニケーション」に発展するケースもあるようで、コミュニケーション能力はそれなりに培われているといえそうだ。

人財という考え方

ここでのM社の経営者の考え方は徹底している。会社の発展は「社員の能力を最大限引き出すことを最優先する」というのが基本理念で、そのためには本人の得意分野を見極め、その道のプロに育てる」と公言している。

この考え方は部下の育成だけではなく、同時に上司もそれにふさわしい能力を持つことも要求され、組織にとって一番重要な人財を確保することにつながっているという。

ＣｈａｔＧＰＴ

世の中にこんな便利なものがあるのかと注目されているのが、ＯｐｅｎＡＩによって開発された人口知能（ＡＩ）チャットボットだ。ＧＰＴ(Generative Pre-trained Transformer)という自然言語処理モデルに基づいていて、ユーザーが入力したテキストに対応した文脈に沿って、自然に回答が生成できてしまう。この技術は大量のテキストデータをもとに訓練されていて、さまざまな質問に答えたり、情報を提供したり、創造的な文章も生成できる能力がある。

今までとの違い

ＣｈａｔＧＰＴが出てくる前は、ユーザーが知りたいことをパソコンに入力すると、それに関連するさまざまな情報が表示され、その中からユーザーが求める一番近い内容を自身で判断し選択しなければならなかった。

つまりＣｈａｔＧＰＴより一手間かかるわけだが、このやり方もまだまだ十分価値があると思う。

というのは、ＣｈａｔＧＰＴの回答がユーザーの求める内容とは違っていたり、あるいは物足りなかったりすることが多々あるからだ。

となればＣｈａｔＧＰＴに頼らず、パソコンで検索キーワードを入力し、表示された内容の中から、自身が求めるものに一番近いものを選択し活用すればよいからだ。

ＣｈａｔＧＰＴ－４

さて、この便利なツールも進化して、今やさまざまなことができてしまう。

まずは世界中で活用してもらうために、多言語に対応できている。英語、日本語はもちろん、中国語、フランス語、スペイン語、ドイツ語、ロシア語ほかあらゆる言語で活用できるようになっている。

また質問の文脈に対して、より深く理解し応答できるようになり、かなり複雑な文脈でも対応できるよう進化している。

つまり、複雑な質問やクリエイティブな文章作成、技術的なドキュメント、プログラミングコードの生成など多様なタスクに対応できるようになってきた。

さらに論理的な推論や長い文章の生成も得意とされていて、今後どのくらい進化するのか、ユーザーにとっては大きな便利ツールになるのは間違いないだろう。

活用事例

顧客からの問い合わせの自動応答、データの分析やアドバイス、提案書やレポート作成支援、ブログ記事や広告コピー、ストーリーや脚本のアイデア提供、またデザインに関するアイデアの整理などのクリエイティブ分野のサポートなどに使われている。

さらにヘルスケア分野にも活用されていて、病状に関する一般的な情報やさまざまな質問への応答もできる。しかし診断や治療の決定は、医師の判断が必要とされる。

教育分野としては、学生の質問に対してリアルタイムに解説したり、特に難しい概念などは得意とされ、その他言語学習においてのリアルタイムでの会話練習や文法の説明など、またエッセイやレポートの改善点の指摘なども可能。

日常生活においても、スケジュール管理、仕事の整理、旅行プランの提案、料理のレシピ、ガーディングに関するアドバイスなどにも活用されている。

ＣｈａｔＧＰＴとの付き合い方

よく話題になるのは、この便利ツールを使うと自分で考えなくなり、創造性が失われ、堕落した人間になってしまうのではないかという危惧だ。

確かにその一面はあるかもしれないが、要はＣｈａｔＧＰＴとの付き合いかた次第ではないだろうか？

例えば何かを知ろうとしたときに、時間がなくどのようなことなのかをざっとつかみたいような場合には、これほど役に立つツールはないだろう。こちらが求める回答が即座に得られるわけだから。

ただしこの場合、こちらの意図をＣｈａｔＧＰＴに正しく伝えるテクニックが必要で、知りたいことを正しい日本語で正確に入力する力だ。

これからはこのＣｈａｔＧＰＴをうまく使いこなすことにより、仕事の効率を各段に上げることもできそうだ。例えば何かの調べものをするときに、今まではたくさんの情報の中から一番近いものを選択し、それをもとに結論をまとめたものだが、ＣｈａｔＧＰＴではそのプロセスが不要となり、いきなり結論が得られることになる。

しかしながら、まだまだこのツールは発展途上にあるので、そのまま活用できるのは、単純でわかりやすいものだけだろう。

つまり、単純に何かを知りたい場合を除けば、ＣｈａｔＧＰＴからの説明や結論について、それらが正しいかどうかを検証するステップがどうしても必要なのだ。単純な思考や作業はこのツールに置き換わることにより、素早く正確に処理されるが、これからは人間の大量の経験データをベースにしたＡＩツールが、さまざまな場面で活用される時代が間違いなくくるはずだ。

そのうち人間に近い複雑な思考を要する対象も難なくこなし、さらに人間の思考や感情もＡＩツールで表現できるとすれば、「何のために自分は生きているのか」が真剣に問われるときが来るかもしれない。

新ＮＩＳＡ

新ＮＩＳＡが注目されている。ＮＩＳＡとは、(Nihon Individual Savings Account)の略で直訳すると「日本の個人貯蓄口座」となる。銀行預金に似ているが、投資先は株式や投資信託となる。

投資先は日本、米国その他世界の株式に投資するのが一般的だ。もともとＮＩＳＡはあったが、２０２４年度から非課税枠が拡大され、投資額１８００万円まで取引による利益が出ても、一切課税はなしになった。

それまでは利益の２０％が課税されていたことを考えると新ＮＩＳＡに心を動かされた人が出てきても不思議ではない。

何せ今の時代、１００万円を銀行の普通口座に貯金していても、金利が年率０．０１％と低く年間でたったの百円程度しかならないことを考えると、新ＮＩＳＡに投資して少しでも資産を増やそうと考えるのは自然であろう。

投資額

ＮＩＳＡの非課税額が１８００万円に大幅拡充されたのは、「老後２０００万円問題」が叫ばれ、老後に備え非課税枠の１８００万円に達するぐらい、せっせと貯蓄と投資に励んでくださいという意図がある。

つまり、年金以外に老後資金を、この非課税制度を活用し確保できますよ、というメッセージなのだ。

新ＮＩＳＡには、「積立投資枠」と「成長投資枠」があり、各々投資額の制限が設定されている。

積み立ては１２０万／年、成長は２４０万／年であり、合計３６０万／年まで投資できる。

合計の非課税枠は１８００万なので、最短5年で達成できることになる。

積み立て投資と成長投資

積み立て投資はインデックスファンドであり、多数の銘柄に分散投資できリスクを軽減できる。また市場に連動しているため、市場全体の成長に追随できる。一方デメリットは、市場が下落するとインデックスファンドも下がり、大きなリターンは得にくい。

ただし複利計算のメリットは実感できる。

例えば１８歳から２３歳までの5年間、毎年の投資額上限の３６０万円を5年間投資した場合、元本１８００万円が年率1％の運用でも、６０歳で２０２７万円、年率３％運用では５３３４万円となり、１００歳までともなると総額1億８０００万円を超えるという。

これはあくまでも試算に過ぎないが、今までの年率３～５％のパフォーマンスからいうと、決して机上の空欄ではないことがわかる。

お金に余裕がない

若者を中心に年間３６０万円を投資するなど余裕がない場合は、毎月の収入から数千円、数万円でも新ＮＩＳＡ口座に回しながら、１０～３０年かけて総額１８００万を目指したらよい。

一方資金的に余裕がある人は、総額１８００万円枠をできるだけ早く埋めることで投資のメリットを早く実感できるはずだ。

もっとも投資できる資金は、各々事情が異なることから、十人十色であり、必ずしも総額１８００万の投資をする必要はない。あくまでも非課税枠１８００万円の金融庁が設定した投資枠があるという説明である。

ただリスクもある。新ＮＩＳＡはあくまでも投資なので、株価が大幅に下落すると損失になる可能性もある。損失が出たからといって、金融庁が補填してくれることはない。

特に税金を免除されているので、なおさらだ。

であれば、生活に必要な資金には手をつけず、それらを除いた余裕資金を充てるべきだ。

株価は世の中や世界の経済状況に大きく関係しているので、時にはリーマンショック並みの大暴落も考慮しておくことも必要だ。

そこで新ＮＩＳＡでは、できるだけ損失が出ない可能性が高い投資対象に絞るべきである。

例えばたくさんの株式に分散投資するインデックスファンドだ。

個別株は業績次第で株価が激しく上下するが、インデックスファンドであれば、米国や全世界の経済を見ているので、比較的安定している。

運用期間の効果

新ＮＩＳＡで最大のメリットは、運用期間が長くなればなるほど、資産総額に大きな差が生まれるということである。それは複利運用の効果だ。

つまり非課税枠の１８００万円を、できるだけ長く複利運用することで大きなメリットが生まれるのだ。年間投資枠は３６０万円が限度なので、最短でも5年はかかる。

一方若者であれば長期間の運用が可能だが、退職後の人は長期間は無理だと諦める人もいるだろう。

しかし5～10年程度であっても、まったくメリットがない銀行の定期預金に比べれば、はるかに運用のメリットは享受できるはずなので、チャレンジしてもおかしくはない。

タワーマンションの是非

都心のタワーマンションが売れ行き好調で、価格も1億～数億円もする時代となった。とても普通のサラリーマンが購入できる金額ではないが、一部海外の投資家が将来の値上がりを見込んで買い占めていることもあり、それがタワーマンションの人気を支えているようだ。

ところが最近、そのタワーマンションの売れ行きに陰りが見え始めているらしい。

タワーマンションといえば「お金持ち」の象徴で、そこに住んでいるというだけでステータスシンボルであり、周りからは嫉妬の目で見られたものだ。

もともと我が国は地震国で高層建築物は制限があったが、都市部の住宅事情の悪化や、耐震技術の発達などから徐々に制限が緩和され現代に至っている。

が、その後高層建築物ならではのさまざまな問題が噴出し、苦労して得た高層マンションを手放す事例が増えている。

眺望

高層マンションの売りは、なんといっても部屋からの眺望だ。高層階からはなんの障害物もなく、眼下には都心のビル群、遠くには富士山や丹沢山系なども見られ、まさに別天地の居心地の良さを感じるに違いない。

ところが人間は、目の前の素晴らしい眺めも、時間の経過とともに飽きが来て新鮮味が亡くなってしまう。

エレベーター待ち

どこかへの外出時には、エレベーターを利用することになるが、住居者の共用のために、その都度当該階に停止することになり、待たされる人にとっては大きなストレスになる。

特に急いでいる人にとっては、自身ではどうすることもできないことから、あらかじめ余裕を持った行動が必要不可欠だ。

一方高層マンションは、居住階により売り出し価格が大きく違っていることから、上層階の住民ほどエリート意識を持つとされ、下層階の住民を見下す傾向があるようだ。

また高層マンションだけに入居世帯も多くなり、普段ほとんど人的交流もないので、お互い同じマンションに住んでいるという自覚すらほとんどないのが現実だろう。

セキュリティ

マンションの入口をはじめ、セキュリティ上はしっかりしていると思われるが、住民同士の交流がほとんどないので、住民以外の人が立ち入ってもわからないこともあろう。

何らかの事件発覚時に、防犯カメラで犯人らしき人が特定できたとしても、それでは話にならないので、事件を未然に防止する仕組みが必要不可欠だ。

管理組合と修繕積立金

マンションを長年にわたり適切に管理するためには、管理組合による運用が重要となる。ところが、何かと手間と時間がかかる管理組合の仕事に手を上げる住民は皆無で、昨今はマンションの管理会社に、管理組合の仕事を丸投げしているところも増えている。

こうなるとマンションの管理はすべて管理会社の思うままになり、決して住民のためにはならない。

また高層マンションともなれば、将来的に大規模な修繕工事を行わなければならず、修繕計画とそれらに必要な修繕積立金を確実に住民から徴収することも怠ってはならない。

大規模災害時の対応

大規模の地震、風水害、火災などの発生時に、どのような行動を起こし、それらに伴う被害を最小限に抑えるかを、住民総意の上で「緊急時対応」として、確立しておく必要がある。

と同時に、災害時にはエレベーターが使えないことがほとんどなので、非常時に住民全体としてどうするかをあらかじめ決めておき、実際にその決まりが機能するかどうかを、実際の災害を想定して、定期的に訓練しておくことが必要だ。

会社のような組織ではお互い顔見知りなので、このような訓練はスムーズにできると思われるが、マンション住民同士は普段ほとんど交流がないので、まずは交流を深めることからはじめるべきだろう。

利便性

高層マンションは職住接近が多く、出退勤は便利で、その上近傍にあらゆる施設が整っているので、買い物も何不自由なくでき、住むには理想的だ。

ただし前述のようなさまざまな問題もあることから、タワーマンションを敬遠する人も増えている。

特に管理費と修繕積立金はかなり高額なので、ローン返済なども考えると、かなりの収入が見込める人でないと、まずは無理だろう。

ましてや近年のように、都心にタワーマンションが乱立されているような状況では、せっかくの眺望も他のマンションにより影響を受けることもあり、当初の業者の説明と違うというクレームも起きている。

パリオリンピック辞退

今回のオリンピックで一番メダルが期待されていた体操女子の宮田選手が、オリンピック参加辞退に追い込まれた。ネットでは賛否両論があり、処分が厳しすぎるので厳重注意にとどめ、参加は認めるべきだという意見もあれば、組織の輪を見出す行為は、スポーツマンシップに反するので辞退は当然だとの意見もあった。

このように判断は難しい状況だったが、最終的には辞退とされた。

法令違反

我が国では酒もたばこも２０歳未満では法律で禁止され、若者の健康を守るためにも必要だし、最終的な辞退の判断は間違っていなかったと思う。

信号無視やスピードの出し過ぎの交通違反と同じように、法令違反なので当然であり、もしこれらが許されるなら世の中が混乱し、収拾がつかなくなってしまう、というわけだ。

ただ交通違反も、その程度で罰金額が定められているように、今回の件も、「程度問題」で処分されるべきではないかという意見もあった。

つまり初期段階であれば厳重注意にとどめ、もし常習的に行われていたとなれば、未成年者の健康を守る意味でも、重い処分も必要ではないかとの結論に至った。

集団行動と指導の在り方

４年ごとに開催されるオリンピックの祭典は、スポーツ選手にとってあこがれの舞台であり、そこに参加できるということは、団体行動の規律を守ることが大前提のはずだろう。オリンピックは、個人競技であれ、団体競技であれ、監督・コーチや関係者と集団行動をとるのが大前提であり、前もって集団行動の規律は事前に十分説明を受けているはずだ。ましてや「体操競技」は、もっとも集団行動が重要視される種目であり、一選手の行動が他の選手に与える影響は極めて大きいものと思われる。

もともと我が国は、今なお学校の制服の着用が義務付けられているところも少なくないが、何ごとも集団行動が基本であり、違反者は許されない風潮が色濃く残っている。

過去に行き過ぎた監督やコーチの指導で問題視された事件もあったが、それらは一線を超えていて関係者は処分されている。

一方その後の人生で、当時の指導者の一言で大いに勇気づけられ、大成功した人も少なくはない。

時々行き過ぎで誤解されることもあるが、若者の将来の夢を実現させるべく、監督やコーチが愛情や気遣いでしかるのは、排除されてはならず正しい指導法なのだ。

メダル獲得数だけか？

現在はオリンピックのメダル獲得数で国ごとに評価されているのが実態だ。これでは元々経済力もなく、小さな国は、いくらたっても浮かばれない現実がある。人口が多く経済力があり、何かにつけ恵まれている国は常に上位にランクされている。

オリンピックの元々の精神は、世界の平和、相互理解、文化交流、経済効果など、メダル獲得数以外の多様な目的がある。であれば、メダル獲得数だけではなく、さまざまな要素で見直し、別の指標で比較するのもひとつの方法ではないか。

例えば人口やＧＤＰと比較し、その率で競わせるのもよいかもしれない。あるいは競技内の若手のアスリートの率で競わせるのもよいだろう。

オリンピックは、将来の若者に夢を持たせる意味で、欠かせないスポーツイベントだからだ。

というわけで、国土が狭く人口が少ない国であってもメダル獲得率が高い国は、それだけで世界から評価される国となり、多くの若者をひきつけ、当該国の人口増加や経済発展につながるかもしれない。

環境問題

オリンピック開催に伴う環境問題は、これからの時代、最も真剣に考える事項となるはずだ。

大規模な施設の建設は止め、できるだけ既存の設備を活用し、また競技会場への観客動員も人数をできるだけ絞り、オンライン中継を活用し会場へ来なくても十分堪能できる環境を作ることだ。また選手や応援の人々の移動手段も、コンパクトな電気自動車を活用し、二酸化炭素の排出を抑える。

さらに既存の設備では間に合わず、新たに建設された施設や設備は、イベント終了後の活用が見込めるまで施工は行わないなど、環境悪化につながる事項は、当初から排除する姿勢が重要となろう。

コンビニのトイレ

いつの間にか、コンビニのトイレが無料で使えるとのニュースが流れ、物議をかもしている。

まずはコンビニ側の考え方だ。最近のコンビニは地域住民にさまざまなサービスを提供する立場となり、であれば、社会貢献の一環として公衆トイレの役割があり、また地方自治体の公衆トイレの不足を補う上でも重要な位置づけとなる。

確かにその考え方は正しいと思われるが、それに便乗したマナーの悪い利用者が後を絶たないとなれば、これは問題である。

最近のコンビニは、市街地はもちろん、人里離れた山奥にもみられるようになってきた。利用者側は、途中で何か困った場合には、コンビニがあれば何かにつけありがたいと考えている人が大半なので、コンビニの設置は大歓迎なのである。

ところが市街地にあるコンビニは、単なる集客が見込めるからとの理由で設置されただけであり、社会貢献的な意味合いは少ないだろう。

利用者はその違いがわかっていないと思われる。

トイレ掃除

コンビニのトイレは、家庭のトイレと違い、不特定多数の人が利用する。

一つのコンビニ内といえども、公共の設備と同等なのだ。ところがここでの決定的な違いは、トイレの日常清掃のコストだ。

公共のトイレは自治体の必要経費で賄われているが、コンビニはいっさい自らの経費で行わなければならない。

トイレ清掃は、一般的に自ら好んでやる仕事ではない。便器の清掃はもちろん、時には利用者に放置された汚物の処理もあるだろう。

私はＩＳＯ審査で、全国のビル清掃業者を現地で審査した経験があり、トイレ清掃がいかに過酷な仕事であるかを実体験した。

トイレは、不特定多数の人が頻繁に利用するので、その都度清掃することになり、清掃員の苦労に頭が下がる思いだ。

感謝の気持ち

最近コンビニのトイレを無料で利用し、しかも他の利用者のことも考えずに、汚してそのまま立ち去る人が少なくないというニュースが流れ、愕然としている。

しかも何も買わずに、トイレ利用だけだというから、開いた口がふさがらない。

普通の常識のある人であれば、トイレを借用させてもらったお返しに、何らかの品物を購入するのが筋ではないか。
ソフトバンクの孫会長は、トイレの清掃人に、手を取って心からのお礼を口にするいうから、人間の器の違いを感じてしまう。
トイレを無料で利用し、何も買わずにお礼も言わず立ち去るなんてとても考えられないが、さらに悪化することを考え、いくつか対策案を述べてみたい。

対策案

トイレ有料化

毎日・毎回のコンビニ側の清掃を考えれば、それに関わるコストを請求しても何ら問題はない。
利用者も万が一のことを考えれば、有料化も納得するはずだ。

物品の購入

一般の公衆トイレと違うとなれば、何らかの物品の購入は必須事項だと思う。

利用禁止

物品の購入も、御礼もなしの人の利用禁止は徹底した方がよい。

それでなくてもコンビニでの「カスタマーハラスメント」が多発しているので、それも同時に防止できる意図もある。

顧客満足度のレビュー

近年「顧客満足度の向上」がスローガンで掲げられ、さまざまな活動を通じて実行されてきたが、今その考えが見直されつつある。

確かに顧客の要求を聞き入れ、新製品の開発や会社の事業発展につなげられた組織も数多くあるが、一方で顧客からの理不尽な要求に耐え切れず、経営が立ち行かなくなった組織も少なくない。

本来の顧客満足とは、顧客と提供者の双方が納得の上で、まさにウインウインの関係があってこそ成り立つのである。

第4章　つれづれなるままに

出張の特典

私の生業は、国際規格ＩＳＯが全国の登録組織で適切に運用されているかどうかを審査する仕事だ。

そのおかげで全国のさまざまな組織を定期的に訪問することになる。

登録組織は北海道から沖縄まであり、ほぼ一年中出張していた。準備としては、相手先と審査日程を決め、と同時にホテルの手配と切符の購入をしておく必要がある。

登録組織の所在地はさまざまであり、都内や関東をはじめとするさまざまな地方都市や、そこからさらに奥まった場所もあり、毎回の切符やホテルの手配も、なかなか思い通りいかないこともしばしばだった。

というのは、審査日程は季節を問わずほぼ一年中あったので、夏休みや春休みの混雑時にも出かけなければならなかったからだ。

地方都市の盛衰

審査先へ行くには、たいていそこに一番近い地方都市を経由して行くわけだが、何年も通い続けているとその変化がよくわかる。

元気のよい都市は、そこに近づくにつれ大型のクレーンがいくつも車窓から見えたりして、その勢いを感じる。

一方、何年経っても一向に変わらない都市も少なくなかった。

私はたいてい審査日の前日は、現地に早く到着するようにしていた。

当該都市がどのように変化しているかを前もって調査するためであり、かつ観光巡りも兼ねていたからである。

ホテル到着後、小さなかばんを肩にかけ、スマホを手に出かけたものだが、まずのお目当ては城跡だった。

日本の地方都市のほとんどに、戦国時代の名残である城跡らしきものがある。それらの多くは高台にあるので、そこに登ると街全体が見渡され、どのような都市なのかがなんとなくわかるような気がしていたからだ。

その後その都市の中心街に移動することになるわけだが、県庁、市役所その他主要な商店街などに向かう。

いつも半日程度を予定しているが、近くの観光地巡りともなると、もう少し時間が必要で一日がかりとなることもある。

健康もかねてなるべく歩くようにしているが、やや距離がある場合はタクシーを利用することもある。

地方都市の現状としては、昔のような賑わいが消え失せ、駅前の商店街がシャッター通りとなり、人通りがめっきり少なくなっていることが共通点だろうか。中には地方銀行や信用組合の支店も閉鎖されているところもあり、惨状を目の当たりに見るようだ。

金融機関の統廃合が目的らしいが、慣れ親しんだ市民にとってはショックだと思われる。ただしたいていの都市は、そのまま衰退しているわけではなく、郊外の広い敷地に大型ショッピングセンターなどができ、それに付帯して飲食店なども併設され、賑わいを見せている。今までの駅前商店街が大型化して、郊外に移転・発展しているという構図だ。

北海道の魅力

学生時代からよくこの地に来ていたこともあり、北海道の都市についてはかなり詳しい方だと思う。

北海道は広いので、審査前よりも審査後の日程を計画し、レンタカーで観光巡りをしていた。北は稚内、利尻島、礼文島から始まり、東は知床半島、支笏湖、南は帯広、襟裳岬、小樽、そして函館などすべて回った。

ある時、休憩時にレンタカーのキーを落とし焦ったこともあったが、幸い地元の若者が親切にも一緒に探してくれ、見つかった時の気持ちは一生忘れない。

沖縄の魅力

サラリーマン時代に仕事で出かけたきりで、その後あまり縁はなかったが、なんと弊機関に登録した企業が出てきた縁で、毎年審査で訪問することになった。対象組織は本島にあるのだが、審査終了後いくつかの離島にも行った。

石垣島、久米島、宮古島、西表島それに日本最南端の与那国島など、きれいな海と雄大なサンゴ礁、それに人懐っこい県民性に触れ、毎回大きな感動をもらったものだ。与那国島では日本本島のことを「大和の国」と呼ぶそうで、私も大和の国からの客人と呼ばれたものだ。それに、現地の言葉が全くわからず、ここも日本かと思ったほどだ。

幸いにも全国の各地を仕事で回ることができたわけだが、どこへ行っても皆地元愛が根強いことを実感した。

私は仕事で当該組織に行くときは、下調べを欠かさないが、さらに新たに見聞きした最新情報も率直に伝えるようにしていた。照れくさそうに眼を細める人もいれば、こちらの話に乗り、とうとうと地方の良さを強調する経営者も少なくなかった。

社員並み扱い

長年お付き合いが続くと、時には私が当該組織の社員であるかのように感じることもある。ただし仕事柄、あまり懇意にし過ぎると客観的な目で審査ができなくなることもあるので、そこは一線を引いて対応している。

人間は親しくなるとつい本音をいってしまうものだが、こちらの仕事はまさに本音を聞き出すことが目的でもあり、社員並みに見てくれる企業には、こちらからお礼を述べたいほどだ。

私の仕事の姿勢は、あくまでも第三者の立場で当該組織の印象を率直に述べることにしている。

特にこの国際規格は業績と直結していることもあり、無駄な仕組みの導入や、それらの社員への徹底などが発見されたときには、率直にシステムの見直しを提案している。業績に悪影響を与えてしまうからだ。

また時々審査中に、他社の事例を紹介することもある。もちろん詳細は述べないが、あくまでも一般論にとどめている。

というのは各々の当該組織は、他社がどのように国際規格を運用しているかはまったく知るすべがないからである。この情報の中にはよい例も悪い例も混在しているが、あくまでも参考であり、採否は当該組織の判断になる。

これは審査サービスの一環の行為であり、十分許容されるものと考えている。

誰でも著者になれる

人々が本を読まなくなり、テレビやインターネットを通じて簡単に情報を入手できる時代となり、それに伴い出版や印刷業界は大打撃を受け、事業の廃業や撤退が相次いでいる。

特に中小の出版社や書店はもともと資金的に余裕がなく、本や雑誌のみで生計を立てること自体無理があり、致し方ない面もある。

一方過去に芥川賞や直木賞を受賞した有名作家でも、著書の印税だけでは食えなくなり、講演活動や自身と近い分野の取材活動などで食いつなぐ時代となっている。

その一方で、最近注目されているのが「自費出版業界」である。

元々本を出版できるのは、当該業界に精通したいわゆる専門家と呼ばれる人たちだけのものだったが、「素人や一般人でも本の著書になれる」との触れ込みが広まり、普通の人でも「著者」になれる時代となったのである。

自費出版のコスト

ただし自費出版は、出版までに必要とされるさまざまなコストは著者自身が負担しなければならず、資金的に余裕がない人にとってはとても無理な話だ。

実は自費出版業界の歴史は古く、一般のベストセラーの流行本を相手にするのではなく、記念誌や個人の自分史などを対象とした個人出版に特化して事業展開してきた、中小出版社がほとんどである。

ところが最近、大手の出版社でも、この自費出版業界に進出するケースが増えていて、混乱を招いている。

特に顕著なのが、出版までのコストの差だ。

ざっといえば、５０万から数百万までの差があり、本の出来栄えはともかく、当該出版社の選定は慎重に越したことはない。

最終的な出版段階となったところで、今まで話になかった余計な費用を請求されたケースもあり、それらの詐欺まがいのやり方に腹を立て訴訟になったケースもある。

出版に至るまでのプロセスの透明化や、最終的なコストの確認など、出版については素人が大半なので、事前に「出版契約書」などを取り交わすなどして、トラブルは断じて避けるべきである。

その一方で、自費ではあるが、素人が自身の著書を出版できたことは、何にも代えがたい喜びに違いない。

さらにそれなりにコストを掛ければ、自身の本がインターネットでの紹介はもちろん、有名書店にも陳列されるとなれば、その後の売れ行きは期待できないにしても、著名な作家と同じ立ち位置の経験ができただけでも、一生の思い出になるだろう。

また出版社により、「印税」が支払われることもあり、かけたコストの一部が少ないながら回収できるメリットもある。

今や一流作家でも出版社の意向と食い違えば、出版はできなくなり、自費出版に移行せざるを得ないケースも増えつつある。

この業界も昔と様子がだいぶ違ってきているようで、出版不況の根深さを感じる時代となってしまった。

一言でいえば、コストをかければそれなりの本が出来上がり、かつ販売ルートも大きく広げることができるということだろう。

例えば一例を挙げると、著者が生原稿を執筆し、その校正をどうするかだ。

原稿内容の校正やレイアウトまですべてお任せするケースと、原稿の校正はすべて自身で行い、レイアウトだけ依頼するとすれば、かなりコストダウンが図れるはずだ。

ただし、文書の流れ、誤字・脱字、言い回しなどの間違いはすべて自身の責任となってしまうので、それなりの自信がないとなかなか踏み切れないだろう。

自費出版の良い点

出版社主導の出版であれば、著者が担当編集者の意向に合わないとスムーズに進まないところがあった。

しかし自費出版であれば、ある程度自身で思い通りにでき、自分なりの著書を出版できるメリットもある。

例えば紙質。今までは出版社のいいなりだったが、自費出版では表紙や本文の紙質も自身で気に入ったものを選択できる。

本文の紙の厚さは本の重さに関係し、厚いと一見豪華そうにみえるが、そのぶん本が重くなってしまう。

最近は読書離れもあってか、なるべく軽い著書が好まれる傾向があるが、著書の内容に見合った紙質の厚さも選択できるようになっている。

また本の売れ行きに大きな影響を及ぼす表紙のデザインも自身で作成できたり、いくつかの見本から選択できるように変わってきている。

最近の出版業界は、自費出版の盛り上がりのおかげで、良い方向に推移しているのではないか。

というのは、著書というのは著者の思いが最優先であり、それが叶った上での著者と出版社の共同作業だと考えられるからだ。

一方出版社としては、長年築き上げてきた独自のノウハウや思いがあるかと思われるが、主役はあくまでも著者であり、その思いが著書に反映されないと意味がないと思う。

その意味では自費出版は、今後の出版業界に「大きな改革のうねり」を巻き起こすかもしれない。

理想的な住環境とは?

私は今埼玉県西部の人口6万人足らずの小さな市に居住している。もうこの地に住んで40年を超えた。

もともとこの街に住みたいと考えていたわけではなかったが、結婚したての頃、たまたまこの方面にドライブに来ていて、突然の大雨に遭遇し、駆け込んだところが、団地の販売を手掛ける大手不動産の現地案内所だった。

丘陵地を開発し、なだらかな斜面に一戸建てを2千戸建てる計画だという。

当時この団地は人気物件で、購入は抽選だった。

その時、たまたま当選を辞退した物件が1戸あるというので見学に行ったところ、周囲環境が気に入り、とりあえず仮契約をしてしまったのがこの地に住むきっかけだった。

当時すでに東京郊外のマンションに住んでいたが、もともと集合住宅は性に合わず、かつ家内が妊娠中ということもあり、どこか郊外の一戸建てを探していたことも決断の動機だった。

敷地は５２坪ほどで間取りは４ＬＤＫ、小さな庭が付いた物件だった。

自宅前の道路も6メートルと広く、メイン通りをやや奥に入った静かな環境だった。

最寄り駅からは徒歩１５分ほどかかるが、丘陵地を開発したこともあって、やや坂道が難点だった。もっとも当時は３０代の前半で、むしろ坂道の方が健康にもよいと前向きにとらえたものだ。帰宅時の登りがきついが、逆に朝は坂道を下ることになるので、快適だった。

４０年後の今

あれから４０年が経とうとしている。さすがにこの歳になると、最寄り駅からのこの坂道はきつい。行きは下るので問題はないが、問題は帰りだ。１５分かけて坂道を上るのは容易ではない。

入居してすぐに、５キロほど離れた主要駅とこの大型団地を循環するバス路線が開通し、今となってはこのバスの利用が普通になってしまった。

一方当時人気のこの団地も、徐々に若者が流出し、今では老人ばかりの廃れた団地になってしまった。

数年前のＮＨＫで「買物難民の団地」として取り上げられたこともある。

当時東京郊外に大型団地が開発されたところは、みな同じ現象に見舞われていて、過疎化が進行している。

そのお陰で団地内も空き物件が増えつつあり、最寄りの警察署から「空き巣狙いに要注意」の回覧が頻繁に出されるようになった。

終の棲家

誰でも理想的な住まいを探し求めるものだが、なかなかそれに見合った物件を確保するのは難しい。

場所の選定から、買い替えのタイミングや資金的な問題など、希望通りの住まいを確保できた人は、本当に少ないのではないだろうか。

例えば理想的な物件に巡り会えたとしても、とても資金的に手が出なかったり、ある程度満足して入居したとたん、近隣住民の騒音に悩まされたりすることもあるかもしれない。

やはり一番の住環境は、物理的な自然環境もさることながら、隣近所にどのような人が住んでいるかが問題となるだろう。これればかりは実際に住んでみないとわからないのが大半で、「運」もあるかもしれない。

私は前述の40年ほど住んだ住宅を手放し、同じ団地の最寄り駅から徒歩2分のところに住み替えた。

もう歳のせいで、坂道がかなりしんどくなり、最寄り駅の近辺に移りたい旨、不動産会社に依頼していた。その間さまざまな物件を紹介されたが、どうしても踏み切れずにいた。たまたま2年前の秋口に連絡が入り、最寄駅から徒歩2分足らずのところに空き物件が出そうだとのこと。

実は当該物件は、今まで通勤時にその前を通っていたので、住居の状況や周りの住環境などは熟知していた。

当該物件は元々かなりの豪邸で、風呂は2か所とサウナまであり、トイレは3か所もあったことから、改装して住もうと考えた。

しかしながら築30年近くも経っており、豪華な造りはよいとしても、さまざまな処に無駄が多く、改装費もかなりの高額で新築とあまり差がないため、思い切って自身の思い通りの設計による新築と決めた。

理想的な住まい

どこまでが理想的な住まいなのかは自身の判断によるが、今のところほぼ満足している。最寄り駅まで徒歩2分足らずと近いし、敷地も80坪ほどで、駐車場も2台のスペースは十分にあり、大きめの庭も確保できた。

それに住宅の東と南は市街化調整区域で、住宅はない。前の道路もほとんど車が通らず、騒音は一切なし。

近い将来免許証を返上しても、最寄り駅が近いので車がなくても十分暮らして行ける。

念願の書斎も、2階の東南の角に5畳ほどの広さを確保した。

この書斎では、当面の執筆活動や、今まで長年ため込んだ数多くの写真や動画、それに大好きな音楽を思う存分楽しんでいる。

週刊文春

日本中のさまざまな出来事の真相が週刊文春の記事で初めて知った人が多いのではないだろうか。

政治家の裏世界、各種事件の真相、俳優や芸能人のスキャンダルなど、この記事により真実を知った人がごまんといるのだ。

この週刊文春は、歴史ある文藝春秋社から独立した会社だが、次から次と起こる各種出来事やスキャンダルなどの真相を、人々の前に明らかにしてくれる。

さて各種情報は、新聞社やテレビと報道の競争になるが、人に知られたくない内容や記事は、まさに「特ダネ」でもあり、これこそが成長を約束してくれる源泉なのだ。

週刊文春の誕生

１９６９年に有名な「文藝春秋社」から派生して作られた会社で、１９８０年ごろからさまざまなスクープやスキャンダルを中心に活動している。

実は私も文芸春秋の本に掲載されたことがあった。日本にＩＳＯが入ってきた当時文藝春秋社の記者から私に取材の申し込みがあり、そのインタビュー記事が掲載されたのだ。最近では「文春オンライン」も好調で、何かのスキャンダルを知りたい人は、真っ先にこのネットにアクセスすることで、その真相を知ることができる。

取材方法

原則は徹底的な現地取材で、対象人物の行動を長時間にわたって取材するとのこと。ただしこのやり方がプライバシーの侵害に当たるということで、しばしば裁判沙汰になったこともあるそうだが。

この取材とは別に、匿名の通報窓口を設けており、公式サイトや電話、手紙などでの情報が取材のきっかけになることもある。匿名のタレコミや内部告発者からの情報も多く、その真意を確認するために、情報提供者と直接接触したりして信頼できる証拠を得たりもしている。

さらに、事実関係を確認するために、関係資料の徹底調査も行われる。

最近では、これらの取材ネットワークを通じて、一般人と信頼関係が築かれていて、定期的に価値ある情報が寄せられることもあるとのこと。

過去に安倍首相の「桜の花を見る会」での不正招待客や資金流用問題、森友問題、甘利大臣の関係企業からの現金受領と高額接待問題、また多くの芸能人の不倫、薬物問題など、報じられた後の影響力は大きく、記事が出る前に本人が釈明会見を行うこともある。

週刊文春の存在

もし週刊文春が存在しなかったら、世の中の多くの問題が表面化せず、国民はまったく知らなかったり、不利益を被ることもあるかもしれない。

芸能人のスキャンダルは別にして、政治関連のスクープは直接国民に関係してくるので、週刊文春の存在意義は大きいと思う。

記事の取材で多少行き過ぎたところもあり、裁判沙汰になったりしているが、ほとんど訴訟を勝ち取っていることからして、記事の信頼性は相当高いと思われる。

このほかには、大手新聞社、テレビ、ネット、ラジオなどの多数の報道機関があるが、さまざまな処から圧力がかかり、報道を制限させられている面もあるだろう。

しかし国民としては、政治や行政を頭に、世の中の出来事の「真実」を知る権利があるのだ。

その意味では、週刊文春や文春オンラインの存在意義は大きく、ほとんどの国民がその活動を応援しているに違いない。

大谷翔平という男

今たくさんの人が、メジャーリーグの試合に一喜一憂しているのではないか。

そう、世界のスーパースター大谷翔平のことだ。

私もその一人だが、もう日本のプロ野球を見る気がしなくなってしまったし、ドジャースをはじめ、メジャーリーグの選手にすっかり詳しくなってしまった。

相手投手の１６０キロに迫る剛速球を、いとも簡単にスタンドに運んでしまう勘と実力は、日ごろの努力もあろうが持って生まれた身体能力に違いない。

打てばホームラン王、投げては１６０キロを超える２刀流は、日本はもちろんメジャーリーガーにも存在せず、今後も出てくる可能性はゼロに近いだろう。

それに加え人間性も素晴らしい。

世の中でこれほどまでに人々に好かれる人を見たことがない。若者だけではなく年齢を問わずだ。

メディアも彼の人気にあやかってか、ことあるごとに大きく取り上げることから、その人気は天井知らずの勢いだ。

彼は岩手県の花巻東高校時代あたりから注目され、当時すでに１６０キロ近い剛速球を投げ込んでいた。その後日ハムに入団することになるわけだが、本人の希望もあり「投打の２刀流」で活躍し、小さいころからの夢であるメジャーリーグに移籍し、今や世界の野球界で最も注目される選手として大活躍の真っ最中である。

将来の見取図

中学生の頃、彼の通う学校では「自分の将来図」を紙に書かせ、それを実現すべく具体的な手段までも書かせた内容が取り上げられている。

当時まだ幼いにもかかわらず、これらを書かせた教師や学校を尊敬してやまない。

メジャーリーグ挑戦、メジャーリーグ優勝、結婚、第１子・第２子誕生、引退の時期の年代まで記載されている。

若いうちからの将来像とそれを実現するための計画性は、いつまで経っても将来何をしたらよいかで悩む若者に、大いなる刺激を与えるのではないか。

プロフェッショナル

プロ野球選手としての彼の謙虚で誠実な人柄は、チームメイト、対戦相手それにたくさんのファンからも注目され、特に球場内のゴミ拾いを当たり前のようにする姿は世界中から尊敬されている。

またプロ野球選手としての徹底した自己管理は、まさにプロとしてふさわしい行動に現れている。

バランスを考えた食事、十分すぎる睡眠時間の確保、毎日の入念なトレーニング、雑念の忌避など、すべて大好きな野球に集中するためだ。

また身長190センチを超える恵まれた身体は、他のメジャーリーガーと比較しても引けをとらず、堂々とプレーしている姿は、今後の日本の若者に大きな影響を及ぼし、野球選手になりたい人々が急激に増加するのは間違いないだろう。

WBCでの彼のリーダーとしての「試合に勝つためには、有名な選手へのあこがれは止めましょう」の発言は、メンバーの団結力を高め、その後の世界一の実現につながった。その後この言葉はいろいろな場面で使われるようになり、現代の「名言」になっている。また彼の明るい性格からか、いつも笑顔を絶やさずチームメイトと歓談する姿に、世界中のファンが釘付けだ。

不屈な精神力

一方長年連れ添った通訳の不祥事に対して、精神的に大きな衝撃を受けたにも関わらず、それを表に出さず必死に耐えた精神力は、世界中の人々に感動を与えた。

事件発覚後は成績が伸び悩んでいた時期もあったが、不祥事の原因が明らかになるにつれ、それが吹っ切れたようにホームランの量産が始まり、今やメジャーリーグ始まって以来のさまざまな記録を打ち立ててしまった。

メディア対応

彼のメディアからのインタビューを見ていると、いつも謙虚で真正直の回答は、ファンならずともすべての視聴者に好印象を与えている。おそらく小さいころからの両親の教えや、コーチの振る舞いなどが大きく影響しているのではないか。

一方最近の彼の新居購入に対する行き過ぎたマスコミ行動について、しっかりと苦言を呈していたのは、まさに正論だと思われる。スター選手といえどもプライバシーを守る権利があるし、ましてやまだ結婚したばかりで、オープンにされたくないことは山ほどあるだろう。

今回のマスコミの行動は、彼のもっとも嫌う他人への迷惑行為を含んでおり、我慢の限界を超えていたものと思われる。誰しも何か懸念材料が頭を離れないとすれば、ものごとに集中することができなくなるものだ。

ということから、単なる興味本位で視聴率だけを狙ったマスコミの勝手な取材は、拒否されて当然であろう。

高額な契約金と社会貢献

今期の彼のドジャースへの移籍に伴う契約金は、1000万ドルをこえる破格な金額で、すべてのスポーツ選手の契約金で最高額とされている。

そのせいもあってか、日本中の小学校に、グローブを寄付し、またメジャーリーグの野球観戦に小学生の無料招待、その他被災地域への寄付など、社会貢献活動を積極的に行っている。

この大谷選手の行動は、今後多くのアスリートや事業成功者に大きな影響を及ぼすに違いない。

彼の現在の成功や世界中からの賞賛は、自ら努力して勝ち取ったにも関わらず、すべての関係者のおかげだとする感謝の精神は、これからの若者の生き方や、人類の平和を願う世界中の人々にも、大きな影響を及ぼすに違いない。

世界ふれあい街歩き

ＮＨＫＢＳ放送で時々放映されている番組に「世界ふれあい街歩き」というのがある。この放送は、世界のさまざまな街を、日本人の一旅行者として、当該の街にどういう印象を持つのかを、旅行者目線で映像に落とし込んだ番組だ。朝から夕方までの時間帯での当該観光名所の様子が映像で確認できるので、この番組を見るだけで、あたかもその街を訪問したような気分になり、わざわざお金と時間をかけて、そこに行く必要はなくなるように思えてくる。

特に世界的に流行したコロナ禍が数年続いた時期には、この番組の視聴率が最高値を記録したというから、あらためてこの番組の意義を強く感じた視聴者が多かったのではないか。

さらにこの番組の特徴として、名所旧跡のほかに、そこで暮らしている人々の日常世界の様子まで取材が及ぶ場合もあり、普通の通り一遍の海外旅行では味わえない「深入り旅行」ができるというメリットもある。

そこで生活している人々は、突然のインタビューに戸惑いながらも、一生懸命街のよさを説明してくれる対応に、ほっこりした気分にさせられ、視聴者としてあらためてこの番組の意義を確認した。

塩街道

一例として、ドイツの塩街道として有名な「リューネブルク」という街がとりあげられていたが、この街は哲学者カントがこよなく愛した街として有名でもあり、歴史的建造物があちこち残っていて、一度は訪問してみたくなる街である。

この街は第２次世界大戦の戦火を幸運にも免れ、ルネッサンス期のゴシック、バロック様式の建築が立ち並び、なんと４００年ほど前の美しい街並みが残っている。

今から４００年前といえば、日本では１６００年代であり、ちょうど江戸時代が幕あけしたころとなる。

テレビで見る限り、ほとんどの建物は石造建築で、４００年前の建物を現在でも、上手に修繕しながら居住しているのは驚きだ。

日本では江戸時代初期の建物がどこに残っているのだろうか？

全国各地の神社やお寺の建物の中には、かなり古い建物はあるかもしれないが、ドイツのように当時の古い建物をメンテナンスしながら、居住しているとのことで、日本ではあり得ない。

さらに歴史がある諸外国の人は、数百年前の出来事を、つい先日のように普通に話しているのを見て、日本とはいかに時間についての認識に差異があることを実感している。

新しもの好きの日本人

日本では建築後年数が経ち古くなってくると、必ず建て替えを意識するようになる。一般的には、住宅であれば４０年がひとつの区切りだが、もともとしっかりした建物は、メンテナンス次第でまだ２０~３０年は住めると思う。

なぜなら最近の住宅のリフォーム技術はかなり進んでいて、中にはリフォームにより新築同等レベルによみがえらせる住宅メーカーも出てきている。

一方今となっては懐かしい「昭和の街並み」が好まれ、それらしき街並みが残されている全国の都市が注目されつつある。

私は今、埼玉県川越市の隣街に住んでいることもあり時々出かけるが、ここは昭和というよりも江戸時代の建物が多く残されていて、日本よりも海外の観光客に大人気だ。前述のリューネブルクの古い町並みが人気のように。

これからは少子高齢化の影響で、昔のような新築住宅ラッシュの時代は望めない。であれば前述の欧州の歴史ある都市と同様、既存の住宅を上手にメンテナンスしながら、できるだけ長持ちさせることを考える時代なのではないか。

そうすることで、森林伐採はかなり少なくでき、二酸化炭素の排出にブレーキがかかり、地球環境保護にかなり貢献できると思われる。

ただし日本は自然災害が多いので、何百年も地震が起こらない欧州と単純に比較することはできないが。

徹子の部屋

「徹子の部屋」というテレビ番組は、１９７６年から現在まで、５０年近くも続いている長寿番組で、ギネスブックにも取り上げられた。

司会は当初から黒柳徹子さんで、今も現役で司会をこなし、すでに９０歳を超えている。

番組は毎回３０分足らずだが、土日を除き毎日放映されているので、回数にしたら天文学的な数字になる。

毎回のゲストは芸能人を中心に多岐にわたり、中には数年置きに複数回出ている人気タレントともいる。

テーマはゲストによりいろいろ異なるが、基本は「生い立ち」「現在までの経緯」「これからのこと」が中心となり、家族のこと、病気になったことなど、視聴者が普段なかなか聞けない内容も多く、視聴者を楽しませてくれる。

司会者　黒柳徹子

彼女は、舞台女優、タレント、エッセイストとして活動しており、1981年に出版した自伝的小説の「窓ぎわのトットちゃん」は大ベストセラーとなり、わが国はもちろん、世界中の言語に翻訳され読まれている。

また1984年に、途上国の子供たちを支援する親善大使に任命され、発展途上国を中心に世界を精力的に駆け巡っている。

聴く力

徹子の部屋では、司会者の徹子さんと招待者との間で、インタビュー形式で行われるが、ゲストとの何気ない会話を、徹子さんの上手な進行で、視聴者にわかりやすくまとめられ、30分があっという間に過ぎてしまう。

毎回のこの番組のゲストは、時々の時代を代表する人が大半を占めており、徹子の番組に出られただけでも大いに伯が付くということから、この番組の認知度はかなり高いと思われる。

当時の大スターの石原裕次郎、美空ひばり、黒澤明監督、森繁久彌、加山雄三氏や、また近年大活躍の歌手や芸能人が多数ゲストとして招待されている。

徹子さんのインタビュー手法も手慣れたもので、毎回のゲストに合わせたメモ帳をもとに聴き漏れを防ぐ工夫もみられ、また徹子さんの聞き上手もあり、ゲストが自ら発言することも多く、番組の終わりに徹子さんにお礼を述べるゲストがなんと多いことか。

また短い時間の中で、ゲストの演奏家や漫才師などが収録時に即興で頼まれ、快くその場で披露する場面もあり、視聴者を大いに楽しませてくれる。

成功話の裏には

招待されたゲストたちは、成功の裏にあるさまざまな悩みなどを、率直に披露してくれる人もいて、視聴者の共感を得ている。

徹子さんの前ではなんでも話せる人もいるようで、あらためて徹子さんの「聴く力」の実力を見せつけられてしまう。

思いがけないゲストの発言に、視聴者として共感を得ることも多々あり、ゲスト・視聴者の双方のメリットにつながるケースもある。時々徹子さんが家族から極秘に入手した手紙をゲストの前で読み上げるシーンは、ゲストとともに視聴者も、ついもらい泣きをしてしまうほどだ。

またゲストが徹子さんに促され、日ごろの御礼を家族にいう場面もあるが、照れくさい中にも真心が伝わってきて、ほほえましい瞬間だ。

番組の将来は？

司会者の徹子さんは、この番組を100歳まで続けるといっているが、できればもう後進に道を譲った方がよいと思う。

一頃阿川佐和子さんが同じようなことをしていたが、阿川さんも「聞く力」という著書も出され、徹子さんに劣らず聞き上手なので、十分代わりができると思う。

誰しも著名人やタレントの生き様や考えを知ろうと思うのは、自然な感情だと思う。

その意味では、世界一の長寿番組である「徹子の部屋」の存在意義は大きいし、できるなら継続してもらいたいと多くの人が考えているはずだ。

参考文献：Ｐ・Ｆドラッカー
「イノベーションと企業家精神」（１９８５年）「経営者の条件」（１９６６年）
「創造する経営者」（１９６４年）

萩原睦幸（はぎわらむつゆき）
山梨大学工学部大学院修了
大手電機メーカーを経て独立。ＩＳＯの専門家。
英国系ＩＳＯ認証機関ＤＡＳジャパン株式会社代表取締役を経て
株式会社リベシオ　代表取締役
ＩＳＯコンサルをベースに社員研修や役立つＩＳＯを全国展開中

「ＩＳＯは経営をダメにする」（幻冬舎）「ＩＳＯ９００１わかりやすい解釈」（オーム社）「ここが変だよ日本の内部統制」（日経ＢＰ社）「ＩＳＯ２２０００のすべて」（日本実業出版）「新ＩＳＯが見る見るわかる」（サンマーク出版）「ＩＳＯ維新」（ブイツーソリューション）「人生後半成功物語」（三恵社）「名言」（ギャラクシーブックス）　ほか　著書多数
「新ＩＳＯが見る見るわかる」は15万部のベストセラー
上記数冊は韓国語、中国語、タイ語に翻訳されている

国民から見た現代社会の側面

国民よ怒れ　とんでもないところに税金が使われていることに！

二〇二四年十二月二十日　初版第一刷発行

著　者　萩原睦幸
発行者　谷村勇輔
発行所　ブイツーソリューション
〒四六六・〇八四八
名古屋市昭和区長戸町四・四〇
電　話　〇五二・七九九・七三九一
ＦＡＸ　〇五二・七九九・七九八四
発売元　星雲社（共同出版社・流通責任出版社）
〒一一二・〇〇〇五
東京都文京区水道一・三・三〇
電　話　〇三・三八六八・三二七五
ＦＡＸ　〇三・三八六八・六五八八
印刷所　モリモト印刷

万一、落丁乱丁のある場合は送料当社負担でお取替えいたします。
ブイツーソリューション宛にお送りください。

ISBN978-4-434-35198-3